KB000337

퀴어가
'말'해
주는 것들

퀴어가 '말'해 주는 것들

초판 1쇄 인쇄 2021년 11월 23일
초판 1쇄 발행 2021년 12월 1일

–

지은이 백승진
펴낸이 이방원
편 집 조상희 · 김명희 · 안효희 · 정조연 · 정우경 · 송원빈
디자인 양혜진 · 손경화 · 박혜옥 **영 업** 최성수 **마케팅** 김 준

–

펴낸곳 세창출판사

신고번호 제1990-000013호 **주소** 03736 서울시 서대문구 경기대로 58 경기빌딩 602호
전화 02-723-8660 **팩스** 02-720-4579 **이메일** edit@sechangpub.co.kr **홈페이지** http://www.sechangpub.co.kr
블로그 blog.naver.com/scpc1992 **페이스북** fb.me/Sechangofficial **인스타그램** @sechang_official

–

ISBN 979-11-6684-061-6 03330

퀴어가 '말'해 주는 것들

Lesbian
Queer
coming out
GENDER
GAY
SEXUALITY
What Queer says

백승진 지음

세창출판사

○ 책을 펴내며

퀴어 연구를 위해 미국에 있는 대학에 머문 적이 있었다. 어느 날 나를 초청한 교수와 최근 퀴어 연구 동향에 대해 이런저런 이야기를 나누다가 이야기 주제가 학과 교과목으로 바뀌었다. 그러다 성이나 젠더, 퀴어를 주제로 하는 과목 명칭에는 보통 섹스, 섹슈얼리티, 젠더, 퀴어와 같은 용어나 신체의 부분을 지칭하는 용어가 포함되기 마련이라는 이야기가 나왔다. 예를 들어서 "퀴어 연구Queer Studies", "젠더 연구Gender Studies", "섹슈얼리티 연구Sexuality Studies", "텍스트로서의 몸The Body as Text"과 같은 과목 명칭이 있을 수 있다. 그런데 '일부 문화권'에 속한 학생들은 자신의 나라에서는 접할 수 없었던 이런 용어가 포함된 주제의 과목에 관심을 가지고 수강을 한 후에 성적이 나오면 교수를 찾아와 성적표에서 교과목 명칭을 변경해 줄 수 있는지를 묻는다고 한다. 이는 공부를 마치고 본국에 돌아갔을 때를 생각해서인데, '일부 문화권'에서는 이런 분야를 연구하는 자체가 금기시되기 때문이다. 하지만 '일부 문화권'만이 아니라 모든 문화권에서 퀴어나 레즈비언/게이 분야에 관심을 가지고 연구하게 되면 어느 정도 주위로부터 '이상한 시선'의 부담은 각오해야 한다. 호모포비아(동성애 혐오) 문화의 영향 때문이다. 이 책은 그러한 '이상한 시선'을 '이상하지 않은 시선' 쪽으로 조금이라도 돌려 보려는 의도로 인문학자의 시선에서 시작됐다. '차이의 미학'을 사회 구성원들과 공유해야 한다는 의무감 같은 것을 필자가 깨달았기 때문이다.

이 책에 실린 글들은 책의 출간을 위해 필자가 계획했던 한 편의 글과 레즈비언/게이와 퀴어 연구를 하면서 필자가 학회지에 실었던 여섯 편의 글로 구성했다.

"1장. 캠프 미학의 사회적 의미"에서는 한국 사회의 일반인들에게는 아직은 낯선 용어이자 성 소수자와 관련된 용어로 인식되고 있는 '캠프'의 의미를 다양한 방향에서 접근해 보았다. 수전 손택과 잭 바부치오의 '캠프' 이론을 바탕으로 두 비평가의 내용을 분석하고 비교하면서 독자들이 캠프의 의미를 즐기게 하려 했다. 손택의 정의를 따르면 '캠프'는 '감수성'이다. 그 감수성을 글로 구체화하려다 보니 버겁기만 했는데, 독자가 어렴풋이나마 '캠프'의 윤곽을 그려 볼 수 있지 않을까 하는 기대를 해 본다.

"2장. 버틀러의 푸코 반박하기"는 필자가 퀴어 이론에 관심을 가지고 주디스 버틀러의 『젠더 트러블』을 읽던 중 미셸 푸코가 이론적으로 모순에 빠져 있다는 버틀러의 주장을 접하고 나서 푸코의 의도를 이해해 보려고 쓴 글이다. 주디스 버틀러는 푸코가 쓴 『에르퀼린 바르뱅: 최근에 발견된 19세기 프랑스 양성구유자의 회고록』

의 영문판 서문 내용과 『성의 역사 1권: 앎의 의지』에서 보여 준 푸코의 섹슈얼리티에 관한 이론에 모순이 있다고 주장한다. 필자도 버틀러가 푸코를 반박할 충분한 이유가 있다고 인정하지만, 푸코가 주장하는 섹슈얼리티의 역사에 근거해서 푸코가 묻는 "우리는 정말로 진실한 성이 필요한가?"에 대한 답을 구하다 보면 버틀러가 지적하는 모순을 다른 차원으로 해석할 수 있다는 논리를 보여 주고 싶었다.

"3장. 영화로 읽는 주디스 버틀러: 젠더, 섹스, 몸의 새로운 가능성에 대하여"는 버틀러의 『젠더 트러블』의 내용을 중심으로 버틀러의 퀴어 이론을 영화를 통해 설명하면서 버틀러의 젠더 논의를 섹스와 몸의 논의로까지 확장한다. 그리고 버틀러가 『젠더 트러블』의 목적으로 설정한 '젠더의 가능성'과 '몸의 가능성'까지를 포함한 논의로 글을 마무리했다. 이 글은 필자가 생각해 오고 있던 주제를 구체화하기 위해 토머스 킹 교수의 초청으로 미국 브랜다이스 대학교에서 연구하면서 자료를 모아 만든 결과물로, 킹 교수로부터 퀴어 이론을 이해하는 데 유용한 많은 정보를 소개받았다. 특히 베스터 크램 감독의 다큐멘터리영화 〈여러분은 모를 겁니다You Don't Know Dick: Courageous Hearts of Transsexual Men〉(1997)는 버틀러의 이론을 이해하고 풀어 쓰는 데 많은 도움을 준 귀중한 자료였다.

"4장. 게이에서 퀴어로"는 '게이'와 '퀴어' 두 용어의 차이를 이론에 근거해 학문적으로 설명한다. '정체성'과 '반정체성'이라는 대립 개념으로 '게이'와 '퀴어'를 정의하면서 하비 피어스타인의 『토치송 삼부작』과 카릴 처칠의 『클라우드 나인』을 각각 '게이극'과 '퀴어

극'으로 분석해 두 개념의 차이를 명확히 하려 시도했다.

"5장. 동성애 혐오의 사회적 역할과 효과"는 동성애 혐오가 사회 전반에 어떤 모습으로 실천되고 있는지를 '질병', '남성성 결여', '자기혐오', '커밍아웃' 주제와 연관해 분석한다. 동성애 혐오에 반응하는 시대의 모습과 이에 따른 동성애자의 변화된 인식을 보여 주기 위해 1950-1960년대 두 미국 극작품 『불행한 사람에 대한 호의』와 『보이즈 인 더 밴드』 그리고 2000년 이후의 두 극작품 『나를 데려가 주세요』와 『작은 개가 웃었다』를 분석했다.

"6장. 아직도 달리고 있는 리스본 트라비아타라는 이름의 전차"에서는 스톤월 항쟁 전후를 대표하는 두 미국 게이극 작가 테네시 윌리엄스와 테런스 맥널리의 작품 세계를 비교했다. 장의 제목은 동성애자가 자신의 성 정체성에 자부심을 품어도 되는 역사의 어느 선상에 와 있지만, 아직도 사회 전반에 퍼져 있는 동성애에 대한 부정적인 시선을 표현하기 위해 윌리엄스의 『욕망이라는 이름의 전차』와 맥널리의 『리스본 트라비아타』 두 작품의 제목을 합성해 보았다.

"7장. 에이즈 정치학"에서는 미국 '에이즈극'의 분석을 통해 에이즈가 동성애자에게 미치는 정신적 영향과 정치권의 반응을 분석한다. 이 글 역시 오래전부터 구상해 오고 있었던 주제로 존 클럼 교수의 초청으로 미국 듀크 대학교에서 연구하면서 끝마쳤다. 에이즈 주제 작품을 국내에서 처음 학문적으로 분석한 논문이라는 평을 받았던 만큼, 동성애자와 에이즈 문제를 이해하는 데 많은 도움이 되리라 기대한다.

학회지에 실렸던 2장부터 7장까지 여섯 편의 글들은 각기 다른 학회지가 요구하는 형식을 모두 버리고 되도록 독자가 편하게 읽을 수 있게 삭제와 첨가 작업을 부단히 시도했다. 그렇다고 과거에 써 놓은 글의 논지를 바꿨다는 것은 아니다. 필자는 지금도 이 책에 실린 과거 글의 논지가 틀렸다고 생각한 적이 없고, 혹시 과거의 생각이 틀렸을지라도 그 생각은 학자로서 개인의 지적인 역사이기에 그대로 간직하고 싶다. 민감할 수도 있는 성 소수자 주제의 글이 어떤 면에서 독자들을 편하지 않게 만들 수도 있으리라 생각한다. 앞에서 언급한 것처럼 인문학자로서 주제에 접근하려 했는데 사실과 다른 내용이 있다면 이는 모두 필자의 부족함 때문이라는 것을 밝혀 둔다.

2021년 11월

백승진

차례

일러두기

1. 본문에서 분석한 작품 중 영화는 〈 〉, 극문학은 『 』 안에 넣어 표기하였다.
2. 본문 속 인용구 뒤의 괄호는 출처와 페이지를 의미한다. 출처는 책 제목이나 논문 제목, 저자 이름으로 표기하였으며, 책이나 논문은 본래 제목을 짧게 줄였고, 책 제목은 이탤릭체를 사용하였다.
3. '인용 및 참고 자료'에서 인터넷을 활용한 자료는 확인 날짜와 주소를 표시하였다.

1장

캠프 미학의 사회적 의미

○

이 세상에는 이름을 갖고 있지 않은 것들이 있다.
이름을 갖고 있다 해도 제대로 설명되지 않거나 설명될 수 없어서
의미 전달이 안 되는 경우가 있는데,
이런 것 중의 하나가 캠프라는 감수성이다.

미국 배우이자 가수인 주디 갈런드Judy Garland(1922–1969)의 삶을 다룬 루퍼트 굴드Rupert Goold 감독의 영화 〈주디Judy〉(2019)에는 런던 공연 후 주디가 열성적인 두 남자 팬을 만나는 장면이 있다. 식사를 같이 하고 싶다는 주디의 부탁으로 셋은 식당을 찾아 헤매지만 늦은 시간이라 모두 문을 닫아 주디는 그들의 집에 가서 함께 시간을 보내게 된다. 집에서 주디는 그 두 남자가 함께 찍은 사진과 그 사진 옆에 있는 자신의 사진을 확인하면서 (이미 알고 있었을 수도 있지만) 그들이 게이 커플임을 알게 되고 노래를 부르며 서로를 위로하게 된다. 왜 그 커플은 주디의 사진을 정성스럽게 보관하고 있었을까? 바로 주디가 게이 아이콘gay icon이기 때문이다.

마리아 칼라스, 더스티 스프링필드, 베티 데이비스, 마를렌 디트리히, 메이 웨스트, 그레타 가르보, 셰어, 마돈나, 신디 로퍼, 카일

베티 데이비스(1935)

리 미노그, 아리아나 그란데는 주디 갈런드와 더불어 성 소수자 커뮤니티 구성원들로부터 존경과 사랑을 받는 유명인들로, 게이 아이콘이라 불린다.[1] 특히 주디 갈런드는 게이 아이콘의 원형으로 스톤월 항쟁Stonewall riots2 이전에는 절대적인 존재였다. 또한, 빅터 플레밍Victor Fleming 감독의 〈오즈의 마법사The Wizard of Oz〉(1939)에서 주디가 연기했던 도로시 게일은 1950년대 동성애자들 사이에서 코드로 사용되었는데, "그는 도로시의 친구니?"라는 물음은 "그는 게이 남성(남성 동성애자)이니?"의 의미로 쓰였으며, 주디즘Judyism이라 불리는 갈런드에 대한 성 소수자 커뮤니티의 사랑과 관심은 문화적 현상이 되었다.

〈오즈의 마법사〉에는 두 개의 다른 세계가 있다. 도로시가 사는 캔자스의 작은 농촌 마을과 도로시가 회오리바람에 날려 가 도착하게 된 신비한 오

셰어(2019)
(Author: Raph_PH, 출처: 위키피디아)

즈의 세계다. 즉 현실 세계와 현실 너머의 세계다. 여기서 현실은 흑백의 세계이고 오즈는 자연색의 세계이며, 이 두 세계는 이분법적인 단순 논리의 세계와 무한한 가능성의 세계라고 바꾸어서 말할 수도 있다.

영화에서, 도로시의 절친한 강아지 친구인 토토가 자신의 고양이를 괴롭히고 자신의 다리를 물었다는 이유로 동네에 나이 많은 미혼 여성인 걸취는 보안관의 허가를 받아 토토를 데려가 안락사시키려 한다. 고아인 도로시는 함께 사는 헨리 아저씨와 엠 아줌마에게 토토 문제를 상의하려 하지만 그들은 농장 일로 바빠 도로시를 귀찮아하고 농장 일꾼들도 상대해 주지 않는다. 아줌마는 문제가 없는 세계로 가 보라는 충고 아닌 충고로 도로시와의 대화를 끝내 버리고 여기서 도로시는 너무나 잘 알려진 노래 "무지개 너머 어딘가에Somewhere Over the Rainbow"를 부르며 토토와 함께 오즈의 나라에 가게 된다. 도착한 자연색 세계인 오즈에는 마녀, 먼치킨 사람들, 뇌를 갖고 싶어 하는 허수아비, 심장을 얻고 싶어 하는 양철 나무꾼, 용기가 필요한 사자와 같은 다양하고 이상한 캐릭터들이 살고 있다.

현실에서 도로시는 기존 질서를 상징하는 어른이라는 권위에 맹목적으로 복종해야만 하는 보이지 않는 존재였다. 도로시에게 현실이란 힘들지만 그냥 어쩔 수 없이 견디고 살아야만 하는 공간이다. 북쪽의 착한 마녀 글린다의 지시에 따라 마음에 들진 않지만 "집이 가장 좋은 곳이다There is no place like home"라는 기존 질서를 대변하는 모토로 자신에게 최면을 걸면서 도로시는 현실을 받아들여야

〈오즈의 마법사〉 속 주디 갈런드(1939)

한다. 도로시의 이런 상황이 동성애자들과의 공감대를 형성하게 된다.

또한, 주디 갈런드가 게이 아이콘으로 동성애자들에게 인기와 사랑을 받았던 이유는 갈런드가 항상 그녀 자신이었기 때문이기도 하다. 동성애자들은 학대받는 그룹으로 고통이 무엇인지를 이해하고 타인이 경험하는 다양한 고통을 공감하려 하는데, 갈런드도 힘든 삶에 쫓기고 있었다. 동성애자들은 자신들이 느끼는 억압의 감정을 스크린 안과 밖에서 갈런드가 겪는 외로움과 불행에서 이어지는 삶의 고통과 동일시하고 있던 것이다. 조지 큐커George Cukor 감독의 〈스타 탄생A Star is Born〉(1954)과 갈런드의 마지막 출연작인 로날드 님Ronald Neame 감독의 〈나는 계속 노래할 수 있어요I Could Go on Singing〉(1962)에서 갈런드는 각각 빅키 레스터와 콘서트 가수 제니 바우먼 역할을 하면서 그녀의 실제 삶과 개성에 너무나 흡사한 모습을 보여 주었다. 이러한 갈런드의 연기가 그녀의 열렬한 숭배자들 마음속에 진실성과 고결함의 인상을 확고하게 만들어 주었다. 갈런드의 연기자로서의 개성과 개인적 고뇌가 동성애자들의 고뇌와 유사하다는 것 외에도 그녀를 게이 아이콘으로 만들어 주는 또 다른 요소가 있는데 그것은 그녀의 '캠프camp' 캐릭터다.

수전 손택Susan Sontag은 1964년에 에세이 형식의 글 "캠프에 관한 단상Notes on Camp"에서 캠프를 감수성sensibility으로 정의한다. 이 세상에는 이름을 갖고 있지 않은 것들이 있다. 이름을 갖고 있다 해도 제대로 설명되지 않거나 설명될 수 없어서 의미 전달이 안 되는 경우가 있는데, 이런 것 중의 하나가 캠프라는 감수성이다. 이렇게 사상과 구별되는 감수성은 설명하기 힘든 것 중의 하나라고 한다.

1909년 옥스퍼드 사전에 따르면 "캠프"는 "허세 부리는ostentatious", "과장된exaggerated", "꾸민affected", "연극적인 혹은 과장된theatrical"과 같은 의미와 함께 "여자 같은effeminate" 혹은 "동성애자homosexual", "동성애자들의 특징"으로 정의돼 있다. 2005년 옥스퍼드 사전에서는 "(한 남자가) 사람들이 생각하기에 전형적인 동성애자 행동을 고의로 보여 주는"으로 설명되면서 "여자 같은"이 비슷한 단어로 제시되고, 두 번째 정의에서는 "과장된 스타일, 특히 고의로 과장해서 사람들을 재미있게 하는"으로 설명돼 있다. 사전적인 의미를 간단히 정리해 보면 "과장"과 "동성애자" 개념이 반복되고 있다는 것을 알 수 있다.

손택에 의하면 캠프는 감수성이고 감수성은 말로 표현할 수 없으므로 캠프를 정의하려 하면 캠프의 본질에서 벗어나게 된다. 취향이라는 것이 있다. 취향은 자기 자신을 표현하는 것이다. 취향은 기계적인 것이 아니며 자유롭게 모든 인간의 반응에 관여한다. 사람에 대한 취향이 있고, 시각적 취향이 있고, 감정에 취향이 있고, 행동에 취향이 있고, 도덕성에 있어서 취향이 있다. 지성도 일종의

오브리 비어즐리의 그림 「공작 스커트」(1893)

취향인데, 이것은 사상에 있어서의 취향이다. 취향은 체계도 없고 증명할 수도 없다. 그러나 취향의 논리라는 것은 있다. 즉 어떤 취향의 원인이 되는 일관된 감수성이 있는 것이다. 그런데 감수성은 표현할 수 없다. 체계화되거나 이론화될 수 있는 감수성은 더는 감수성이 될 수 없기 때문이다. 체계화되거나 이론화된다는 것은 사상이 된다는 의미다.

잭 바부치오Jack Babuscio는 캠프의 본래 의미와 더불어 다른 대상과 캠프의 간단치만은 않은 다양한 연관 관계가 무시되어 왔다고 주장한다. 그동안 캠프가 단순히 게이들의 일반적이고 부정적인 스테레오타입을 보여 주는 데 방점을 찍어 왔다는 것이다. 바부치오는 게이 감수성을 주류와는 다른 의식을 반영하는 창조적인 에너지로 정의하면서 캠프와 게이와의 관계를 확실히 하고 있다. 따라서 바부치오는 캠프를 "게이 감수성을 표현하는 사람과 게이 감수성에 의해 만들어진 상황 혹은 행위에 있어서의 여러 요소를 말한다"라고 정의한다. 그리고 곧 "캠프는 그 자체가 사물이나 사람이 결코 아니라 행위와 사람과 상황이라는 개념과 게이 사이의 관계를 말한다"라고 덧붙여 캠프의 개념이 단순치 않다는 것을 강조한다. 바부치오는 캠프의 개념이 단순치 않고 관찰자의 판단에 의존하지만, 기본적으로 아이러니irony, 유미주의aestheticism, 과장된 태도theatricality, 유머humor와 같은 네 개의 커다란 틀 안에서 논의될 수 있다고 지적한다. 여기서 손택의 캠프에 관한 쉰여덟 개의 단상과 바부치오의 이론을 비교하면서 캠프의 의미를 찾아가 보도록 하겠다.

먼저 손택이 지적한 것처럼 캠프의 의미를 글로 정의할 수 없다면 어떤 종류의 대상을 통해 캠프를 느낄 수 있는지 확인해 보자. 손택은 뭔가를 바라보는 캠프 방식인 '캠프 비전'이 있을 뿐만 아니라 물체와 사람의 행동에서도 캠프의 특성을 발견할 수 있다고 한다. 즉, '캠프적인' 영화, 옷, 가구, 대중 노래, 소설, 사람, 건물 등이 있다는 것이다. 캠프 규범을 따르는 다양한 분야의 예를 들어 보자. 맥스 비어봄Max Beerbohm의 소설 『주레이카 돕슨*Zuleika Dobson*』(1911), 티파니 램프, 스코피톤 뮤직비디오Scopitone films, 미국 L.A. 선셋 블루버드에 있는 브라운 더비 식당Brown Derby restaurant, 「인콰이어러」 잡지의 머리기사와 기사들, 오브리 비어즐리Aubrey Beardsley의 그림들, 백조의 호수Swan Lake, 벨리니Bellini의 오페라들, 어네스트 쇼드색Ernest B. Schoedsack 감독의 1933년 영화 〈킹콩〉, 쿠바의 대중 가수 라 루페La Lupe, 린 워드Lynn Ward의 목판화 소설 『신의 아들*God's Man*』(1929), 초기의 플래시 고든Flash Gordon 연재만화, 1920년대 여성 의류, 로날드 퍼뱅크Ronald Firbank와 아이비 콤프턴버넷Ivy Compton-Burnett의 소설이 캠프적이다.

손택은 캠프의 정의가 쉽지 않다는 이야기를 하면서 크리스토퍼 이셔우드Christopher Isherwood의 1954년 소설 『밤의 세계*The World in the Evening*』를 잠깐 언급하고 지나가는데, 소설의 주인공 스테판 몽크가 찰스 케네디에게 캠프에 관해 설명해 주는 장면을 자세히 살펴보자.

> 넌 캠프가 머리를 붉게 염색하고 타조 털로 장식된 챙 넓은 모자를 쓰고 깃털 목도리를 두르고 다니면서 마를렌 디트리히를 흉내 내

는 여자 같은 어린 남자애를 말한다고 생각하니? 그래, 퀴어 사회에선 *그런 걸* 캠프라고 부르지(이셔우드 강조). 그런 곳에서 사용되고 있기는 한데 그건 매우 천한 형태의 캠프야. … 내가 이야기하고 싶은 캠프는 좀 더 근본적인 무엇이야. 조금 전 그건 질 낮은 캠프Low Camp지. 내가 이야기하는 건 고급 캠프High Camp야. 예를 들어서 고급 캠프는 발레와 바로크 예술 정서의 완전한 기본이지. 진정한 고급 캠프의 기저에는 항상 진지함seriousness이 있어. 무엇인가에 진지하게 다가가지 않으면 캠프를 느낄 수 없지. 대상을 놀리는 게 아니고 대상에서 재미를 찾는 거야. 재미, 인위적, 우아함의 관점에서 기본적으로 너에게 진지한 것을 너는 표현하는 거야. 바로크 예술은 주로 종교에 관한 캠프이고, 발레는 사랑에 관한 캠프지.

스테판은 실례를 들면서 고급 캠프와 질 낮은 캠프를 구분해 주고 있다. 이어서 찰스가 이해를 위해 예를 더 들어 달라고 하자, 스테판은 모차르트는 캠프고 베토벤은 캠프가 아니며, 플로베르와 렘브란트도 캠프는 아니고, 엘 그레코와 도스토옙스키는 캠프라는 대답을 해 준다.

이셔우드의 스테판은 캠프를 고급 캠프와 질 낮은 캠프로 구분하고 있는데, 손택도 에세이에서 이런 의도를 보여 주고 있다. 손택에 의하면 캠프의 특징은 사치로도 생각할 수 있는 과도함이다. 캠프는 삼백만 개의 깃털로 만들어진 드레스를 입고 춤을 추는 한 여자다. 그러나 스테판이 묘사하는 "머리를 붉게 염색하고 타조 털로 장식된 챙 넓은 모자를 쓰고 깃털 목도리를 두르고 다니면서 마

라 루페(가운데)(1959년쯤)

마를렌 디트리히(1951)

를렌 디트리히를 흉내 내는 여자 같은 어린 남자애"와 같은 모습은 아니어야 한다. 화려함을 보여 주기 위한 단순한 사치스러움은 캠프가 아니다. 캠프와 뽐내기preciosity를 혼동해서는 안 된다는 것이 손택의 주장이다.

또한, 소설 속에서 스테판은 "재미fun", "인위적artifice", "우아함elegance"이라는 단어로 캠프를 설명하고 있는데, 손택도 "인위적"과 "스타일"이라는 단어를 첫 번째 단상에서 언급하고 있다. 이어서 손택은 서른일곱 번째 단상에서 세 개의 창조적인 감수성을 다음과 같이 정리한다.

먼저 고급문화의 감수성인 첫 번째 감수성은 기본적으로 도덕적이다. 다음으로 대부분 "아방가르드avant-garde" 예술에서 표현되는 감정의 극한 상황이라는 두 번째 감수성은 도덕과 미학적 열정 사이의 긴장에 의해 힘을 얻는다. 세 번째인 캠프는 전적으로 미학적이다. 손택은 캠프를 일종의 유미주의 형태로서 세상을 미학적 현상으로 바라보는 한 방식이라고 정의한다.

그런데 손택은 캠프가 바라보는 방식이 미의 관점이 아니라 얼마나 인위적(부자연스러움, 비자연, artifice)인가, 얼마나 스타일화(양식화, stylization)되었나에 관한 관점이라고 말한다. 이는 인위적인 것과 스타일 개념이 미의 개념이 된 것인데, 이때의 미, 즉 아름다움은 대상에 내재된 객관적인 개념이 아니라 관찰자의 심상에 존재하기 때문이다. 바부치오도 오스카 와일드Oscar Wilde(1854–1900)의 "존재의 위험으로부터 우리 자신을 보호할 수 있는 방법은 오직 예술을 통해서이다"라는 문장을 캠프 유미주의의 핵심 내용이라 강조하면서 미학적 요소와 캠프와의 필수적 관계를 확인시킨다. 바부치오는 이런 캠프의 유미주의를 일반적으로 수용된 규범을 전복하는 엄격한 도덕성에 대한 반발로 해석한다.

먼저 캠프 특성이 있는 모든 사물이나 사람은 많은 부분이 인위적이다. 즉, 부자연스럽다는 것인데, 따라서 자연스러운 것은 캠프적인 것이 될 수 없다. 이러한 이유로 대부분 캠프적인 사물들은 도시풍이며, 전원풍의 캠프Rural Camp는 많은 부분이 인공적인 요소로 이루어졌다. 다음으로 스타일을 강조한다는 것은 내용을 무시하거나 내용에 관해서는 중립적 태도를 취한다는 것이다. 이런 의미에서 캠프 감수성이란 비어 있는 혹은 초월했다는 의미로 탈정치화된 모습을 말해 준다고 한다. 초월이나 탈정치화 개념에서 바라보자면 캠프 취향은 일반적 미학의 판단 기준인 선악 개념에 반대하게 된다. 그렇다고 선이 악이고 악이 선이라고 주장하면서 캠프가 뭔가를 뒤집는다는 것은 아니다. 손택에 따르면 캠프가 하는 일은

엑토르 기마르의 파리 메트로
(Author: Steve Cadman, 출처: 위키피디아)

예술과 인생을 위해 다른 종류의 기준을 제공하는 것이다.

앞에서 언급한 대로 캠프는 스타일의 관점에서 바라본 세상에 대한 비전이다. 그런데 여기서 스타일이란 특별한 종류의 스타일로 "과장"이나 "이탈", 혹은 "그렇게 되어서는 안 되는 것"을 선호한다. 손택에 따르면 아르누보Art Nouveau가 가장 전형적이고 가장 완숙한 캠프 스타일인데, 1890년대 후반기에 엑토르 기마르Hector Guimard에 의해 디자인된 주철로 만든 난초 줄기 형태의 파리 메트로 입구도 캠프 스타일의 좋은 예다. 바부치오도 사물이나 사람에 있어서 자기 투사self-projection와 의미 전달 도구, 감정적인 분위기 표현의 수단으로 캠프가 스타일을 강조한다고 말한다. 그는 여기서의 스타일이 (자)의식의 한 형태로 결코 "자연적"이지 않다고 한다.

스타일의 중요성을 강조하면서 손택은 "행동의 유일한 기준은 그것의 우아함이다"라는 장 주네Jean Genet의 의도를 매우 캠프적이라 평가한다. 그리고 "중요성의 문제에 있어서, 주요한 요소는 진정성(진실, 정직, sincerity)이 아니라, 스타일이다"라고 언급한 오스카 와일드의 주장도 같은 맥락으로 이해되어야 한다고 말한다. 손택은 캠프에 대한 단상을 정리하면서 오스카 와일드 자체를 과도기의 인물로 평가하는데, 이 주제에 있어서 와일드에 많은 관심을 보이는 듯하다.

처음 런던에 왔을 때 와일드는 벨벳 베레모, 레이스 셔츠, 면벨벳 반바지, 비단 양말을 자랑스럽게 쓰고, 입고, 신고 있었는데, 그는 이런 옛날 스타일의 멋쟁이인 댄디dandy의 기쁨을 평생 즐겼다고 한다. 이런 보수성은 그의 소설 『도리언 그레이의 초상*The Picture of Dorian Gray*』(1890)에도 반영되어 있다. 하지만 그의 의식이나 행동의 많은 부분은 현대성 이상의 무엇인가를 암시하고 있다. 즉, 모든 대상이 가지고 있는 미의 가치를 인정해야 한다고 공표하거나 문의 손잡이가 그림처럼 훌륭할 수 있다고 말할 때 모든 사물은 동등하다는 캠프 감수성의 중요한 요소를 공식화한 사람이 와일드였다. 와일드가

오스카 와일드(1882)

넥타이, 윗옷 깃의 단춧구멍에 꽂는 꽃, 의자의 중요성을 강조했을 때 와일드가 캠프의 대중적 정신을 예견하고 있었다고 손택은 지적한다.

멋쟁이 개념의 댄디가 문화적 측면에서 19세기 귀족들의 대용물이었던 것처럼, 캠프는 현시대의 댄디즘이다. 캠프는 "대중문화의 시대에 어떻게 댄디가 되는가?"라는 문제에 대한 답이라는 것이다. 그런데 손택은 옛날 댄디는 천한 것을 좋아하지 않았는데, 캠프를 좋아하는 신식 댄디는 천한 것의 가치를 인정한다고 말한다.

바부치오는 스타일 관점에서 캠프는 '존재'보다는 '행하기'나 '수행performance'을 의미한다고 한다. 예를 들어서, 옷과 실내 장식은 개인의 기본적인 정당성을 거부하는 사회에서 정당화의 한 형태일 뿐만 아니라 자신의 정체성을 보여 주는 수단이 될 수 있다. 19세기에 댄디가 "다른 사람들과 마찬가지로 자신이 태어난 타락한 자연에서 벗어나는 방법"을 물질적 시각화(구체적 시각화)를 통해 찾으려 했던 것처럼, 많은 성 소수자들은 장식 예술과 세련된 취향의 계발을 통해 인정받고 있지 못한 사회적 정체성으로부터 긍정적인 무엇인가를 만들어 내는 수단을 찾고 있다. 바부치오가 와일드 이야기는 하지 않지만 이러한 점은 댄디로서의 와일드의 속성이나 모습을 상상하게 한다.

와일드는 『보잘것없는 여인*A Woman of No Importance*』(1893)에서 "나는 단순한 쾌락을 좋아하지. 쾌락은 복잡한 세상의 마지막 도피처야"라는 대사를 만들어 낸다. 이 대사를 인용하면서 와일드와 캠프를 연관시키는 손택은 캠프가 희극적 비전의 세계를 보여 준다고 말한다. 그러나 이것은 신랄하거나 혹은 논쟁적인 희극이 아니다. 만일 비극이 지나친 몰입이나 연루의 경험이라면, 희극은 무심함이나 초연 혹은 무관심의 경험이다. 캠프와 비극은 정반대이다. 캠프는 세상에 대한 일관된 미학적 경험으로 '내용'에 대한 '스타일', '도덕성'에 대한 '심미주의', '비극'에 대한 '아이러니'의 승리를 실현한다.

수전 손택(1979)
(Author: Lynn Gilbert, 출처: 위키피디아)

캠프는 관대하고 즐기길 원한다. 따라서 캠프는 판단이 아니라 즐김과 이해의 양식이다. 캠프가 악하고 냉소적으로 보일 수 있으나 이때의 냉소는 무자비한 개념이 아닌 달콤한 냉소주의다.

그렇다면 손택의 '아이러니의 승리'와 '달콤한 냉소주의'를 바부치오의 유머 개념으로 이해해 보자. 바부치오에 따르면 유머는 물체, 사람 혹은 상황과 그 맥락 사이에 심한 부조화가 있다는 사실을 인지한 결과다. 따라서 웃기는, 재미있는 요소는 아이러니의 특성에 내재되어 있다. 모순과 부조화, 즉 어울리지 않는 대조가 아이러니하기 위해서는 우스울 뿐만 아니라 사람들을 고통스럽게 만들어야 하는 것이다. 이렇듯 캠프의 유머는 웃음과 고통을 동시에 발생시켜야 하는데 이것이 손택의 '달콤한 냉소주의' 개념일 것이다.

바부치오는 앞에서 언급한 것처럼 캠프를 게이 감수성으로 설정하고 설명하는데, 캠프의 전략이라 할 수 있는 유머를 게이가 적대적인 환경에 대처하고 긍정적인 정체성을 만들어 내는 수단이라 말한다.

일반적으로 사회가 게이들에게 보내는 메시지는 모순적이다. 게이들은 다른 모든 사람과 같지만 그렇지 않다. 이런 근본적인 모순, 이런 농담이 전통적으로 게이의 운명이다. 그리고 이 모순은 게이들의 언어, 행동, 예술에서 표현되는 정체성 모순을 생산해 낸다. 이런 정체성 모순에는 세상과 자신들의 위치에 대한 인식이 반영되어 있다.

어빙 고프먼Erving Goffman은 우리 사회에서 낙인이 찍힌 사람은 정체성 기준에 적응하는 데는 실패하지만, 자신에게 적용되는 정체성 기준을 획득한다고 이야기한다. 이 말은 게이가 자신에 대해 모순을 느끼게 되는 것이 불가피하다는 것이다. 이성애 기준과 자아 요구 사이의 이런 분열에 게이의 반응은 자기 증오와 자기 경멸이 깊게 물든 씁쓸한 웃음bitter-wit을 지어 보이는 것이다. 따라서 캠프는 괴로움이나 고통을 비웃어 버림으로써 분노를 삭여 버리는 수단이 될 수 있다. 캠프는 세상을 재미있게 바라보게 만들며, 게이에게 사회에서 견디기 힘든 모순된 상황을 대처하기 위한 수단으로 눈물보다는 웃음을 선택하게 한다.

리처드 다이어Richard Dyer도 캠프를 농담, 재미, 우스움이라 정의하면서 캠프 농담을 자기방어의 한 형태라 칭한다. 특히 과거에 게이 남성들은 신랄하지만 재미있게 스스로를 조롱하면서 자신들이 처한 끔찍한 현실을 멀리할 수 있었다는 것이다. 따라서 그들은 상황을 너무 심각하게 받아들일 필요가 없었고, 캠프는 많은 게이를 게이로 살아가게 해 주었다는 것이다. 사회의 모든 이미지와 언어는 이성애가 진실이라는 내용을 보여 주면서 이를 각인시키고 있다. 이런 현실에서 캠프는 게이임을 표현하고 확인시키는 수단이 된다.

바부치오는 스탠리 도넌Stanley Donen 감독의 1969년 영화 〈계단Staircase〉이 슬픔에 젖어 있는 유머를 보여 준다고 한다. 여기서 슬픔이란, '부적당한' 정서가 조용히 인정은 되지만 공식적으로는 비난받는 세상에서 그런 정서를 가지고 살아갈 수밖에 없다는 것을 알고 있는 사람들의 슬픔이다.

이십여 년을 함께 살아온 게이 커플 찰리와 해리는 런던의 이스트 엔드에서 이발소를 운영하면서 '정상적인' 바깥세상을 웃음으로 마주한다. 해리는 침대에 누워 있는 불평이 많은 엄마를 바로 옆에서 돌보고 있다. 찰리도 요양원에 있는 자신의 엄마를 방문하곤 하는데 엄마는 찰리에게 동성애자라고 큰 소리로 호통치면서 찰리를 거의 내쫓다시피 한다. 드래그 쇼 무대에 서기도 했던 찰리는 한때 배우 생활을 했는데 아직도 방송되고 있는 자신이 출연한 TV 광고를 즐긴다. 찰리는 공공장소에서 음란 행위를 한 사건으로 법정에 서게 되고, 이십 년 전 태어나서 한 번도 보지 못했던 딸이 자신을 만나러 오기로 하자 자신의 성 정체성에 대해 딸이 어떻게 반응할지에 관한 생각으로 힘들어한다. 해리와 찰리는 함께 살아온 세월만큼이나 서로에게 익숙하지만 사사건건 말다툼하며 상처를 주

렉스 해리슨(1976)
(Author: Allan warren, 출처: 위키피디아)

기도 한다. 그 둘의 대화는 이성애 사회의 규범을 성공적으로 내재화한 성 소수자들이 가지고 있는 자기 증오와 낮은 자존감으로 가득 차 있으며 자기 연민과 아픈 상실감은 영화 전반을 꿰뚫고 있다. 예를 들어서 찰리가 해리에게 말하는 "우리가 될 수 없는 특권인 너는 아버지였잖아"와 같은 대사는 '고급'의 웃음을 유발하는데, 이는 그들이 이성애 제도의 헤게모니를 말없이 받아들이고 있다는 것을 보여 준다.

한편, 이 영화에서 비평가들이 부정적으로 평가하는 배역 문제를 확대해 보면 전형적인 이성애 유형의 유명한 두 영화배우 렉스 해리슨Rex Harrison과 리처드 버튼Richard Burton이 게이 커플을 연기한 자체가 슬픔의 메시지를 전한다고 볼 수 있다. 하지만 관객은 전형적인 이성애자가 게이 역을 하면서 만들어 내는 불일치에 아이러니와 재미를 느낄 수도 있게 된다.

찰리가 법원에 갈 때 혼자 간다고 해리를 거부하고 나와서는 혼자 길을 건너지 못하자 이를 지켜보고 있던 해리가 다가가 함께 길을 건너는 장면으로 영화는 끝난다. 이는 그들이 동성애자로 이성애 사회에서 살아야 하기 때문에 자신들의 규범이 아닌 이성애자 규범을 따라야 하는 상황을 보여 준다. 특히 이발소를 운영하는 해리가 자신의 탈모를 숨기기 위해 가발을 사용하지 않고 붕대를 두르고 있는 아이러니한 모습은 동성애자들의 현실을 상징화하고 있다. 스스로에 대한 자책이 있지만, 그들은 동성애자로서의 어려움을 씁쓸한 웃음으로 극복하려는 모습도 보여 주는데, 어쩌면 그 둘은 함께 있기에 웃음으로 고통을 견뎌 나갈 수 있는 것일지도 모른다. 해리는 하늘까지 계단을 함께 올라가자고 한다.

리처드 버튼(1953)

앞에서 캠프 감수성이란 비어 있는 혹은 초월했다는 의미로 탈정치화된 현상이라고 설명했는데, 이렇게 무언가에 직접 연루되지 않고 거리를 유지하게 되는 무심함detachment이나 초연, 무관심을 손택은 지식인의 특권이라고 칭한다. 바부치오는 이런 초월하기, 거리를 두는 태도를 일종의 도전을 위한 수단이라고 말한다. 세상이 자신을 거부할 때, 자신의 존재를 객관화해서 명확히 전달할 필요가 있고 바깥세상의 사람들로부터 내면의 자아를 보호하기 위한 수단으로서 자신의 한계를 극복해 나간다는 것이다.

캠프는 스타일 관점에서 바라본 세상에 대한 비전이고, 스타일이란 특별한 종류의 스타일로 '과장'이나 '이탈' 혹은 '그렇게 되어

그레타 가르보(1930)

서는 안 되는 것'을 선호한다고 했다. 이런 측면에서 손택은 캠프를 '양성적(중성적) 스타일'의 완성 개념이라고 한다. 취향으로서 캠프는 특별히 눈에 띄게 섬세한 사람과 심하게 과장된 행동을 하는 사람들에게 반응하는데, 양성화는 캠프 감수성의 가장 중요한 이미지 중 하나이다.

같은 맥락에서 성적 매력의 가장 세련된 형태는 자신의 본래의 성에 어긋나는 부분에서 찾아볼 수 있다. 남성적인 남자에게서 가장 아름다운 부분은 여성적인 무엇이고, 여성적인 여자에게서 가장 아름다운 부분은 남성적인 무엇이다. 바부치오도 아이러니가 캠프의 주제라는 점을 부각하면서 양성 혹은 중성의 의미를 설명해 나간다. 그는 아이러니가 사람이나 혹은 사물들 사이에 매우 조화되지 않은 대조를 말하며 조화가 안 되는 대조의 가장 일반적인 현상은 남성성과 여성성에 대한 것이라고 말한다. 그 대표적인 예가 남녀 양성의 특징이 한 몸에 나타나는 것인데, 루벤 마물리안Rouben Mamoulian 감독의 〈크리스티나 여왕Queen Christina〉(1933)에서 여왕 크리스티나인 그레타 가르보Greta Garbo의 몸이 그렇다.

1632년 30년 전쟁에서 죽은 스웨덴 국왕 구스타부스는 자신의 딸을 남자처럼 키웠다. 그래서인지 딸은 여성이면서 남자의 모습을 묘하게 보여 주는데, 아버지가 죽은 후 어린 나이에 왕위를 계승한 크리스티나는 성장하면서 말을 타는 모습이나 말투, 남성들을 대상으로 의회에서 보여 주는 언변이나 행동에서 평범한 남자의 남성성 이상의 남성성을 드러낸다. 남자 시종 아거는 여왕의 옷을 입히고, 신발을 신겨 주고 심지어 여왕의 머리도 손질해 준다. 크리스티나 여왕은 전쟁 영웅인 스웨덴 혈통의 찰스 왕자와의 결혼을 거부하며 독신을 고집한다.

어느 날 여왕은 사냥을 나갔다 날이 어두워져 여관에서 묵게 되는데 그곳 손님들은 여왕을 알아보지 못하면서 남자로 생각하고, 주인 역시 방을 안내하며 여왕에게 "나리 같은 혈기 왕성한 분"이라고 말한다. 그때 여왕을 만나러 온 스페인 대사 안토니오도 우연히 같은 여관에 머물게 되고 머물 방이 없자 남자로 알고 있는 여왕과 같은 방을 쓰는 상황이 만들어진다. 사실이 확인된 후에 둘은 사랑에 빠지게 되는데, 영화에서 가르보는 남자로 변장한다기보다는 양성성이 몸에 실현되어 있는 모습으로 나온다.

도널드 캠멜Donald Cammell과 니콜라스 뢰그Nicolas Roeg가 함께 감독해 1970년에 개봉한 〈퍼포먼스Performance〉에서도 록그룹 롤링 스톤즈의 믹 재거Mick Jagger가 연기한 양성의 모습을 보여 주는 터너를 볼 수

믹 재거(1965)

있다. 터너는 남성성과 여성성의 이분법적인 '부호signs'가 지워져 버린 중성화된 팝 스타로 그려진다. 해리 플라워즈가 이끄는 이스트 런던 갱 조직의 일원인 채스는 플라워즈의 계획을 무시하고 사설 마권 판매소를 운영하는 매독스를 살해한 뒤 현장으로부터 사라진다. 이후 조직의 보호를 받지 못하게 된 채스는 모르는 뮤지션으로부터 우연히 엿듣게 된 어떤 뮤지션의 정보를 이용해 그 뮤지션의 친구 행세를 하면서 그가 살던 곳으로 가서 숨어 있기로 한다. 이곳에서 채스는 신비하기도 하고 괴상스러운 양성 모습의 전 록 스타 터너, 터너와 함께 지내는 두 여성 퍼버와 루시, 그리고 로레인이라는 한 아이를 만나게 된다. 채스와 터너는 처음에 팽팽한 긴장감을 조성하지만 이내 서로에게 익숙해지는 모습을 보이는데, 퍼버는 채스에게 환각작용을 일으키는 버섯을 먹게 하고, 채스는 환각 상태에서 양성화되기 시작한다. 퍼버가 벗은 가발을 쓴 채스는 거울을 통해 퍼버와 겹치면서 여자의 모습을 하나하나 몸에 이식한다. 마치 신성한 의식을 하듯이. 거울을 통해 퍼버는 채스의 가슴에 자신의 가슴을, 그의 얼굴에 자신의 얼굴을 콜라주 하듯 갖다 붙이며 여자 같은 느낌을 갖지 않는지 물어본다. 채스는 자신은 정상이며 남자라고 대답한다. 퍼버는 거울을 통해 채스의 얼굴을 자신의 얼굴에 가면처럼 끌어들인다. 퍼버는 채스를 "여성인 남자female man"라 부른다. 얼마 뒤 플라워즈와 조직원들이 채스를 찾아오고 채스는 또 다른 터너가 되어 가면서 터너를 총으로 죽인다. 조직의 보스 차에 타고 떠날 때 채스는 터너가 되어 카메라를 응시한다.

캠프로서 이런 배우나 캐릭터의 매력은 남녀 양성의 특징에 있다. 손택이 캠프는 “과장”이나 “이탈” 혹은 “그렇게 되어서는 안 되는 것”을 선호한다고 강조한 것처럼, 바부치오는 이런 남성성과 여성성의 부조화의 기조에는 동성애를 도덕적 일탈로 보는 프레임이 있다고 말한다. 즉, 두 남자나 두 여자 사이의 사랑이 자연스럽고 건강한 질서 밖에 있는 부조화로 인식되고 있다는 의미로 도덕적인 문제가 있다는 것이다.

『밤의 세계』에서 스테판은 고급 캠프를 설명하면서 진지함을 강조하는데, 손택도 진지함을 설명하기 위해 “순수한 캠프Pure Camp” 개념을 설명하고 있다. 먼저 자기 자신이 캠프라는 것을 인지하고 있다면 그 캠프는 순수하지 못한 의도적인 캠프로 완전하지 못하다는 것이다. 순수한 캠프는 의도적이거나 고의적이지 않고 아주 진지하다. 손택에 의하면 뱀으로 감긴 램프를 만들고 있는 아르누보 예술가는 장난을 하고 있는 것도 아니고 작품을 매력적으로 보이려고 하지도 않는다. 그 예술가는 아주 진지하게 “자 보세요! 동양적인 것을!”이라고 말할 뿐이라는 것이다.

순수한 혹은 순진한 캠프에 있어서 본질적인 요소는 진지함인데, 좀 더 구체적으로 말하면 실패한 진지함이다. 물론 모든 실패한 진지함이 캠프가 될 수는 없다. 과장과 환상과 열정과 순수함이 적당히 혼합되어 있어야 캠프가 되는 것이다. 이때 캠프의 중요한 요소로 진지함이 지적되고 실패와 과장이 언급되는데, 손택은 이 개념들 사이의 관계를 정리하고 있다. 즉, 캠프는 진지하게 자신을 드러내는 예술이지만, “너무 지나치기too much” 때문에 완벽하게 진지할 수 없다는 것이다.

여기서 손택의 마흔한 번째 단상으로 가 보자. 손택은 진지함에 대한 중요성을 계속 반복하면서 캠프라는 감수성이 진지한 것을 하찮은 것으로 전환한다고 이야기한다. 캠프의 요점은 진지함을 제거하는 것이다. 경박함에 관해 진지할 수 있고, 진지함에 관해 경박할 수 있다. 손택은 말 그대로의 진지함을 초월하려는 아이러니irony와 풍자satire와 같은 전통적인 장치들이 오늘날 효과를 보지 못하고 있는 것 같다고 한다. 대신에 캠프가 진지함을 초월하기 위한 적당한 새로운 장치 혹은 기준을 보여 주는데, 바로 "인위적artifice"이라는 장치로 "과장된 태도"나 혹은 "연극조theatricality" 같은 개념을 이와 연관해서 생각할 수 있다. 즉 캠프의 본질은 부자연스러움the unnatural이며, 부자연스러움이란 "인위적" 혹은 "과장exaggeration"을 의미하기도 한다. 스타일에 대한 강조가 과도하거나 지나칠 때 과장이 되고 따라서 부자연스러움이나 인위적, 부조화와 같은 결과를 가져올 수 있게 된다.

인위적 개념은 앞에서 스타일과 같이 언급되었는데 이를 부자연스러움, 과장, 연극 개념과 함께 이야기해 보자. 인위적, 부자연스러움, 과장의 개념은 연극의 특성과 연계된다. 무대 위에서 연기하는 배우들의 발성이나 몸짓은 자연스럽지 않고 과장되어 있다. 그들은 역할을 표현하기 위해 인위적이어야만 한다. 손택이 캠프를 설명하면서 계속 사용하는 영어 단어 "theatricality"의 사전적 의미에는 "연극조"와 "과장된 언동"이 있다. 여기서 연극과 연관된 내용을 짚어 보자.

먼저 손택은 캠프를 창조적 감수성들 중 하나라고 하는데, 이는 "실패한 진지함failed seriousness"이나 "경험의 연극화theatricalization of experience" 감수성 때문이다. 손택이 직접 연관을 지어 말하진 않았지만 "연극화"를 이렇게 이해해 보자. 캠프는 모든 것을 인용부호 안에 넣어 본다고 한다. 즉 램프가 아니라 "램프"고, 여자가 아니라 "여자"다. 따라서 사물과 사람으로부터 캠프를 인지하는 것은 "역할 놀이로서의 존재Being-as-Playing-a-Role"를 이해하는 것이다. 이는 감수성에 있어서 연극으로서의 삶에 대한 은유를 확장한 것이다.

바부치오도 캠프의 세 번째 요소로 영어 단어 "theatricality"를 제시하는데, 이는 언급한 것처럼 연극적 특징인 "과장된 태도"나 "과장된 언동" 혹은 "연극풍"이나 "연극조" 정도로 해석해 볼 수 있겠다. 바부치오는 사물이나 사람으로부터 캠프를 인식한다는 것은 존재 대 역할놀이, 실재와 외양과 같은 "연극으로서 삶life-as-theater"의 개념을 인지하는 것이라고 한다. 만일 '역할'이 사회에서 주어진 위치와 관련해 적절한 행동으로 정의된다면, 게이는 남자와 여자로서 행동해야 하는 사회가 기대하고 있는 방식에 부합하지 않는다. 캠프는 역할의 외양을 강조함으로써 역할, 특히 성역할은 피상적(표면적)인 스타일의 문제라는 것을 암시한다. 실제로, 삶 자체는 연극에서 볼 수 있는 역할놀이, 외양 그리고 흉내 내기라는 것이다.

바부치오가 주장하는 캠프와 연극의 관계를 좀 더 이야기해 보자. '연극조'는 역할이라는 면에 있어서 기본적으로 게이 상황과 연관되어 있다. 게이들은 사회의 성역할 기대에 부응하지 못한다. 게이는 성적 만족을 위한 대상으로 반대 성에 적절한 관심을 보이지 않는다. 따라서 게이들은 결코 '진정한' 남자나 여자로 인정받지 못한다. 이것이 게이에게 가해지는 오명, 소위 결함의 본질이다. '게이 되기gayness'는 도덕과 사회적 질서에 대한 일종의 집단적 거부로 여겨진다. 게이 생활 방식은 (여성에 대한 성적 우위를 포함하는) 남성성은 "자연스럽고" 남자를 위해 적절하며, (남성에 성적으로 복종해야 하는) 여성성은 "자연스럽고" 여자를 위해 적절한 것이라는 가장 소중히 지켜 왔던 문화적 전제를 거부하고 있다.

'게이 되기'의 오명은 게이라는 것이 본인이나 다른 사람들에게 분명하지 않은 한 특이한 개성이 될 수 있다. 그러나 자신이 게이라는 것을 인지하자마자, 그는 다른 사람들이 게이라고 여기는 표식을 사람들에게 숨겨야만 하는 상황에 직면하게 된다. 이러한 게이로서의 어려운 존재 현실을 "이성애자로 패싱 하기(이성애자로 가장하기, passing for straight)"라고 한다. 연극적 은유로 정의된 현상으로는 "역할 하기playing a role"이다. 즉, 자신이 아닌 다른 무엇인 체하는 것, 혹은 자신들의 성 취향에 관한 사실을 숨김으로써 자신들이 게이라는 사실을 감추는 것이다.

'패싱passing'의 기술은 연기하는 기술이다. '패싱 한다'는 것은 '무대 위'에 있다는 것, 이성애자를 흉내 낸다는 것, '진짜' 남자나 여자인 척한다는 것이다. '패싱 하기'를 한다는 것은 한 개인이 남/녀 이분법에 따른 성역할에 근거한 취향, 행동, 말 등으로부터 '벗어난' 것처럼 보이지 않도록 항상 주의하고 있어야 한다는 것을 의미한다. 패싱 하기의 경험은 보통 성적으로 과장된 역할놀이의 연기를 많이 하는 유명 배우들에 대한 열렬한 관심을 갖게 한다.

그러면 캠프 취향은 주로 어떤 계층 혹은 누구에게서 볼 수 있을까? 손택에 의하면 귀족은 권력뿐만 아니라 문화와도 관련된 지위로서, 캠프 취향의 역사는 귀족이 보여 주는 고상한 체하기 취향 역사의 부분이다. 그러나 오늘날에는 특별한 취향을 후원할 수 있는 과거 의미의 진정한 귀족은 존재하지 않는다. 그렇다면 누가 이 취향을 유지할까? 주로 동성애자들이다. 손택에 의하면 동성애자들은 자신들을 취향을 가지고 있는 급조된 계층으로서의 귀족으로 여긴다고 한다. 여기서 캠프 취향과 동성애 사이의 특별한 관계에 관해서는 설명이 필요하다.

손택은 캠프 취향이 동성애 취향이라는 것이 사실은 아니지만, 특별한 유사점과 중복되는 부분이 있는 것은 확실하다고 본다. 모든 진보주의자가 유대인은 아니지만, 유대인들은 진보론자와 개혁론자의 명분을 특히 좋아한다는 논리와 같다. 따라서 모든 동성애자가 캠프 취향을 가지고 있지는 않지만, 동성애자들이 대체로 캠프를 선도하고 있다. 손택은 유대인과 동성애자를 비교하면서 캠프 의미의 이해를 돕고 있는데, 손택에 의하면 현대 도시 문화에 있어서 유대인과 동성애자는 뛰어난 창조적 감수성을 가지고 있는 두 소수 집단이라고 한다. 특히 감수성의 창조자들로서 유대인은 도덕적 진지함을, 동성애자는 유미주의와 아이러니를 선도한다고 한다.

유대인들은 현대 사회가 도덕성을 강화해야 한다는 태도를 견지하고, 동성애자들은 사회가 심미적 감각을 확대하기를 기대하고 있다. 캠프는 도덕성을 약화하면서 도덕적 분노를 중성화시키고, 우스꽝스러움(농담)을 강조한다. 이러한 캠프와 유미주의의 관계를 언급하면서 바부치오는 예술은 강렬한 개인주의가 되어 정신적 항거의 형태를 취하게 된다고 말한다. 즉, 캠프가 경직되고 유연하지 못한 도덕률의 용해를 추구하면서 공감의 도덕률을 구한다는 것이다. 이는 전통적인 규범으로부터의 초월을 추구한다는 것인데, 이러한 관점에서 유미주의의 한 모습은 "너는 ~를 해서는 안 된다"라는 엄격한 윤리로부터 분리되어 사람과 생각이 환경과 개인의 기질에 기반을 두고서 관찰되는 것이다.

동성애자들이 캠프의 선구자일지라도, 캠프 취향은 동성애 취향 이상이다. 캠프의 연극으로서 삶의 은유는 동성애자들의 상황을 합리화해 오고 있다. 그러나 동성애자들이 캠프를 만들어 내지 않았더라도 다른 이들이 만들어 냈을 것이다. 문화와 관련한 귀족의 자세는 사라질 수 없기 때문이라는 것이 손택의 주장이다. 마지막으로 손택은 자신의 에세이에서 캠프 취향은 인간 본성에 대한 사랑이라는 정의를 잊지 않고 있다.

주디 갈런드의 캠프 특성을 지적하면서 손택과 바부치오의 캠프에 관한 이야기를 정리해 보았다. 아이러니, 유미주의, 과장과 유머 개념이 반복됐는데, 갈런드의 공적 페르소나도 이러한 개념으로 이루어졌을 것이다. 캠프는 이론적인 개념도 아니고 어떤 특정한 가공품도 아니어서 캠프를 정의한다는 것은 둥근 공간에서 모퉁이에 앉으려고 발버둥을 치는 것과 같다고 한다. 파비오 클레토Fabio Cleto에 따르면 손택의 에세이는 캠프를 현대 문화의 암호로 해석하면서 저속한 것을 세련된 미학적 취향으로 그리고 천박한 중산층의 취향을 호의적으로 비평했기 때문에 그 쟁점이 대중 매체를 사로잡게 되었고 문화적 유행이 되었다. 따라서 근본적으로 동성애적 자아 수행self-performance의 형태인 캠프를 탈게이 분야 취향으로 변형시켰다고 게이 비평가들은 손택을 비난해 오고 있다. 그러나 바부치오와 달리 손택에게는 캠프의 주체가 게이일 필요는 없었다.

마지막으로 에스더 뉴턴Esther Newton의 캠프 논의로 글을 마치려고 한다. 그에 따르면 캠프의 정신이나 기질은 흑인 문화에 있어서 '소울soul'과 유사한 역할을 한다고 한다. 소울과 마찬가지로, 캠프를 상황을 위한 전략으로 본 것이다. 흑인 문제처럼 동성애 문제는 자기혐오와 자존감 결여에 집중되어 있다. 그러나 소울 이데올로기는 정체성 확립에 필요한 전략이지만, 캠프 이데올로기는 정의는 잘 되었으나 경멸로 가득 찬 정체성을 해결하는 데 필요한 전략이 될 것이다.

인용 및 참고 자료

Babuscio, Jack. "Camp and the Gay Sensibility." *Gays and Film*. Ed. Richard Dyer. New York: Zoetrope, 1984.

Cleto, Fabio, ed. *Camp: Queer Aesthetics and the Performing Subject*. Ann Arbor: U of Michigan P, 2002.

Dyer, Richard. "It's Being So Camp as Keeps Us Going." Fabio Cleto.

Isherwood, Christopher. *The World in the Evening*. Fabio Cleto.

Newton, Esther. *Mother Camp: Female Impersonators in America*. U of Chicago P, 1979.

Sontag, Susan. "Notes On 'Camp'." Fabio Cleto.

2장

—

버틀러의
푸코 반박하기

○

버틀러는 섹슈얼리티가 항상 권력과 연관되어 있음에도
푸코가 알렉시나의 수녀원에서의 생활을 권력이 개입되지 않은
낭만적인 세계로 묘사하면서
자신의 이론을 실천하지 못하고 있다고 주장한다.

에르퀼린 아들레드 바르뱅Herculine Adélaîde Barbin은 1838년 11월 8일에 프랑스 생장당젤리에서 생물학적으로 여성성을 부여받고 태어나서 알렉시나Alexina로 불리며 여자로 성장한다. 그러나 사춘기 때 알렉시나의 몸은 여성으로서의 변화가 전혀 없었다. 생리도 없었고 가슴은 남자의 몸 같았으며, 오히려 콧수염이 눈에 띄기 시작했다. 1857년에 알렉시나는 여학교에서 교사 생활을 하면서 다른 여교사인 사라Sara와 사랑에 빠진다. 그 둘의 관계는 연인으로 발전하게 되면서 급기야 소문이 퍼지게 된다. 알렉시나는 라로셸의 주교 장 프랑수아 안느에게 고해성사를 한 후 의사의 검사를 받게 된다. 1860년에 체스넷은 알렉시나의 몸을 검사하면서 알렉시나가 작은 질은 가지고 있지만, 남성 몸의 구조임을 발견한다. 즉, 작은 남성 성기와 몸 내부에 고환을 가지고 있다는 것이다. 1860년 7월 22일에 알렉

미셸 푸코

시나는 법적으로 남성이 되어야 했다. 이름도 아벨 바르뱅Abel Barbin으로 변경했다. 그는 바뀐 성에 적응하지 못한 채 파리로 옮겨 가 어렵게 살면서 치료의 일환으로 회고록을 쓰게 되고, 1868년 2월 자신의 회고록을 침대 옆에 두고 가스를 흡입해 자살한다.

미셸 푸코Michel Foucault는 1970년대에 프랑스 공중위생국에서 연구 자료를 찾는 중에 알렉시나의 회고록을 발견해서 『에르퀼린 바르뱅: 최근에 발견된 19세기 프랑스 양성구유자의 회고록*Herculine Barbin: Being the Recently Discovered Memoirs of a Nineteenth-Century French Hermaphrodite*』이라는 제목으로 재출판하게 된다.[3] 이 책에는 알렉시나의 '진정한' 성이 결정되는 데 근거가 된 의학 보고서와 법률 서류 외에도 당시의 신문 기사와 알렉시나의 이야기를 각색한 오스카 파니차Oscar Panizza의 단편 소설 「수녀원의 스캔들A Scandal at the Convent」도 포함되어 있다. 이에 주디스 버틀러Judith Butler는 자신의 저서 『젠더 트러블*Gender Trouble*』에서 19세기 프랑스 양성구유자 에르퀼린 바르뱅에 관해 푸코가 발행한 회고록의 서문[4] 내용과 『성의 역사 1권: 앎의 의지*The History of Sexuality Volume 1: The Will to Knowledge*』[5]에서 보여 준 푸코의 섹슈얼리티에 대한 이론이 모순된다고 주장한다. 여기서는 버틀러가 지적한 모순 내용과 푸코의 『성의 역사 1권: 앎의 의지』(이하 『성의 역사 1권』) 내용을 비교 분석해 과연 그 모순을 어떻게 접근해야 하는지를 정리하면서 푸코의 상황을 대변해 보고자 한다.

버틀러는 먼저 푸코가 성욕의 해방liberatory Eros이라는 논리에 거부 반응을 보이며 섹슈얼리티는 권력과 연관되어 있다고 주장한다는 사실을 확실히 한다. 푸코는 『성의 역사 1권』에서 우리의 성은 억압되어 있으며, 따라서 우리는 억압으로부터 해방되어야 한다는 성에 관한 억압의 가설repressive hypothesis을 비판하고 있다. 푸코는 억압의 가설에 문제점을 지적하기 위해 세 가지 의혹을 내세운다.

첫 번째 의혹은 "성의 억압은 정말로 인정된 역사적 사실인가?"이며, 두 번째 의혹은 "권력의 작동, 특히 우리와 같은 사회에서 작동되고 있는 장치는 원래 억압의 범주에 정말로 속하는가?"이고, 세 번째 의혹은 "억압에 관한 비평적 담론은 그 시점까지 도전받지 않고 작동되고 있던 권력 장치에 장애물로 작용하는가, 혹은 사실은 그 담론이 '억압'이라 부르며 비난하는 것과 같은 역사적 네트워크의 부분은 아닌가?"이다. 의혹의 목적은 억압의 가설이 틀렸다는 것을 보여 주려는 것이 아니라 17세기 이후 근대 사회가 보여 준 성에 관한 담론의 일반적 질서 내에 그 가설을 되돌려 놓는 것이다. 억압의 가설을 되돌려 놓으면 1) "왜 섹슈얼리티는 그렇게 광범위하게 이야기되었고 어떤 내용이 이야기되었나?" 2) "그렇게 이야기가 되어서 생성된 권력의 효과는 무엇인가?" 3) "담론과 권력의 효과와 쾌락 사이에는 어떤 관련이 있는가?" 4) "이런 관계의 결과로 어떤 앎(지식)이 만들어졌는가?"와 같은 질문을 할 수 있게 된다. 요컨대 푸코가 세 가지 의혹을 제기한 목적은 우리가 살아가는 세상에서 인간의 섹슈얼리티에 관한 담론을 떠받치고 있는 권력-앎-쾌락의 체제를 분명히 밝히는 것이다(*History* 11). 버틀러는 푸코를 논박하기 위해 『성의 역사 1권』에서의 푸코의 의도를 먼저 잘 지적해 주고 있다.

푸코는 바르뱅의 회고록 서문에서 "진정한 성a true sex"의 개념이 필요한지를 묻고 있는데, 버틀러는 이 질문이 푸코가 『성의 역사 1권』에서 보여 준 '성'의 범주에 대한 비판적 계보의 연장선인 것 같다고 주장한다. 그러나 동시에 이 회고록과 서문이 『성의 역사 1권』에서 보여 준 푸코의 섹슈얼리티 이론theory of sexuality과 모순된다고 주장한다.

> 그[푸코]는 『성의 역사 1권』에서 섹슈얼리티는 권력과 공존한다고 주장하지만, 그는 에르퀼린의 섹슈얼리티를 만들기도 하고 부적합하다고 판단을 내리기도 하는 권력과의 굳건한 관계를 깨닫지 못하고 있다. 사실, 그는 성과 정체성의 범주를 초월한 세계인 "비정체성의 행복한 중간지대"로서 그/녀의 쾌락의 세계를 낭만적으로 묘사하고 있는 듯하다. (Butler 128)

버틀러는 섹슈얼리티가 항상 권력과 연관되어 있음에도 푸코가 알렉시나의 수녀원에서의 생활을 권력이 개입되지 않은 낭만적인 세계로 묘사하면서 자신의 이론을 실천하지 못하고 있다고 주장한다. 푸코에 따르면 알렉시나가 머무는 성의 세계에서는 몸의 쾌락이 쾌락의 근본적인 원인과 최종 의미로서의 성을 즉시 의미하지 않는다. 그곳은 푸코가 알렉시나의 회고록 서문에서 언급한 "고양이는 없고 웃음만 달린 세계다."[6] 버틀러에 의하면 사실 이것은 쾌락에 강요된 규제를 분명히 초월하는 쾌락으로, 여기서 『성의 역사 1권』에서 푸코의 연구가 대체하고자 했던 바로 그 해방적 담론emancipatory discourse에 푸코가 감상적으로 탐닉하고 있다는 것이 버틀러의 주장이다.

버틀러의 푸코에 대한 공격은 버틀러의 시각에서 바라보면 논리적으로 충분한 매력이 있다. 그러나 이 문제는 푸코의 이론과 알렉시나의 회고록을 바라보는 시각의 차이다. 버틀러가 제기한 푸코의 모순을 다른 시각에서 바라보면 또 다른 푸코의 의도를 찾아볼 수 있는 논리적 근거를 천착할 수 있다. 푸코는 알렉시나의 회고록에서 "우리는 **정말로 진실한** 성이 필요한가?"라는 질문으로 서문의 첫 문장을 시작하는데, 푸코는 근대 서구 사회가 순리an order of things를 위해 진실한 성이 필요하다는 답을 집요하게 끌어내고 있다고 주장한다. 여기서 "진실한 성"에는 진리라는 개념이 숨어 있는데, 권력과

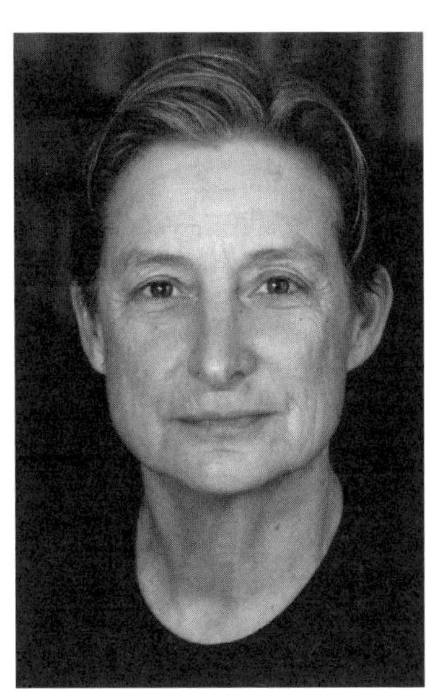
주디스 버틀러(2012)

지식은 담론을 통해 진리를 생산해 내는 역할을 한다.

17세기부터 20세기 중반까지 섹슈얼리티에 관한 담론은 억압된다기보다 사실 급증하게 된다. 교육제도는 어린이와 청소년에게 성에 관해 침묵을 강요한 것이 아니라, 반대로 18세기 이후의 성에 대한 담론의 형태를 다양화했다. 이로 인해 어린이와 청소년의 성은 수많은 제도적 장치와 담론 전략이 전개되는 논쟁의 중요한 영역이 되었다. 푸코는 교육제도와 함께 18, 19세기에 성에 대한 담론을 만들어 내기 시작한 많은 다른 분야에 대해서도 이야기를 해 준다.

> 먼저 "신경장애"를 다루는 의학이 있다. 그리고 정신질환의 병인학을 발견하려는 정신의학이 있는데, "무절제"와 자위, 욕구불만, "생식에서의 부정" 그리고 특히 성적 도착에 초점을 두게 된다. 다음으로 오래전부터 특히 "극악무도한" 범죄와 자연스러움에 반하는 범죄의 형태에 있는 섹슈얼리티에 관심을 보여 온 사법제도가 있다. 그러나 사법제도는 19세기 중반으로 향하면서 하찮은 범죄, 사소한 상스러운 행위, 미미한 성도착을 포함하면서 사법권을 확장했다. 마지막으로 부부, 부모, 어린이, 위험하고 위험에 빠진 청소년을 보호한 19세기 말에 나타난 사회통제가 있다. 즉, 보호하고, 분리하고, 경고하는 역할을 하면서, 곳곳의 위험을 알리고, 사람들의 주의를 일깨우고, 조사를 요구하고, 보고서를 보관하고, 치료를 체계화한다. (*History* 30–31)

교육제도와 더불어 의학, 정신의학, 사법제도, 사회통제와 같은 제도는 지속해서 성에 대한 사람들의 위험 의식을 강화하면서 성을 겨냥한 담론을 양산했고, 이러한 상황은 사람들로 하여금 성에 관해 이야기하게 만드는 자극제가 되었다. 푸코는 성 담론이 어떻게 여러 제도와 연관되면서 양산되는지 보여 주기 위해 1867년에 일어났던 랍쿠르 마을의 한 농장 노동자 이야기를 해 준다.

헛간에서 잠을 자면서 계절에 따라 이곳저곳에서 일하며 근근이 살아가는 지능 지수가 낮은 한 노동자가 법의 심판을 받게 된다. 그는 전에도 그랬듯이 그리고 그의 주위에 있는 동네 사내아이들이 해 왔던 것처럼, 밭의 가장자리에서 돈을 주고 어린 소녀로부터 애무를 받았다. 숲의 가장자리에서나 생-니콜라로 가는 길옆 도랑에서 아이들은 "변질된 우유"(수음)라 불리는 유사한 장난을 하곤 했었다. 그런데 소녀의 부모는 마을 이장에게 그 노동자의 행위를 이야기하고, 이장은 경찰에게, 경찰은 판사에게 보고하게 되는데, 판사는 그 노동자를 기소하면서 의사와 다른 두 명의 전문가에게 그에 대한 의견을 구한다. 의사와 전문가들은 보고서를 작성한 뒤 그것을 책으로 출간하게 된다.

왜 이 이야기가 중요한가? 푸코에 의하면 마을에서 매일 발생하는 "이 하찮은 목가적인 쾌락"이 어떤 순간부터 "집단적 불관용뿐만 아니라 사법 행위, 의학적 치료, 철저한 임상 검사 그리고 이론적 설명의 대상이 될 수 있었다"라는 것이다(31). 사람들은 마을 생활의 완전한 한 부분이었던 노동자의 두개골을 측정하고, 얼굴 골격 구조를 연구하고, 변태 여부를 정밀 검사하며, 그의 생각, 성향, 습관, 기분과 의견에 관심을 두게 된다. 무죄 판결을 받아도, 그는 의학과 앎(지식)의 순수한 대상으로 설정된다. 즉, 그는 죽을 때까지 병원에 갇혀 있어야 하지만 자세한 분석을 통해 학계에 알려져야 할 대상이 되기도 한다. 푸코는 랍쿠르 마을의 저능한 어른과 철든 아이 사이의 이 은밀한 쾌락이 이야기되고, 분석되면서 연구 대상이 된 것은 역사상 처음일 거라고 단언하는데, 이는 "엄격한 담론으로 무장한 앎(지식)과 권력의 제도가 이 일상의 무대를 장악하게 됐다"라는 것을 의미한다(32). 권력과 지식과 담론의 결합으로 이제

> 성은 밝혀져야 할, 다양해진 분야에 따라 철저히 강제적으로 밝혀져야 할 주제가 되었다. 은밀한 고백의 형식이든 권위적인 심문의 형식이든, 고상하든 상스럽든 성은 말로 옮겨져야만 했다. (32)

18세기 이후로 성은 계속해서 담론을 만들어 내고 있다. 성 담론의 생산 과정은 권력과 무관하게 혹은 권력에 반대해서 증식된 것이 아니라 권력이 행사되는 바로 그 공간에서 권력 행사의 수단으로서 증식했다.

버틀러의 반박과는 다르게 푸코의 랍쿠르 마을 이야기에서 볼 수 있는 권력-지식-담론의 관계는 알렉시나의 회고록에서도 확인할 수 있으며 이를 통해 "우리는 정말로 진정한 성이 필요한가?"의 질문에 대한 푸코의 의도를 정리해 볼 수 있다. 즉, 마을에서 매일 발생하던 하찮은 목가적인 쾌락이 어느 순간 의학과 법의 조명을 받으며 관리의 대상이 된 것처럼 양성구유자인 알렉시나의 목가적 쾌락도 같은 수순으로 탈취된 것이다. 사실 오랫동안 양성구유자는

두 개의 성을 소유하고 있다는 사실이 인정됐었다. 하지만 상황이 그리 간단한 것은 아니었다. 고대와 중세시대에 많은 처형의 증거가 있었던 것은 사실이다. 그러나 완전히 다른 형태의 많은 법원 판결도 있다. 푸코의 설명을 요약해 보면, 중세시대의 교회법과 민법의 규정은 이 점에 있어서 매우 명확하다.

'양성구유자'라는 명칭은 비율은 다양할 수 있지만 두 개의 성을 동시에 소유하고 있는 사람들에게 주어진다. 이런 경우 어떤 성을 유지하느냐는 신부나 대부가 아이의 세례 의식에서 결정하게 된다. 필요하다면 더 나은 성, 즉 더 건강하고 친근한 성을 선택하도록 권고받는다. 그러나 나중에 성인이 되어서 결혼할 시기가 되면 양성구유자는 자신에게 부여된 기존의 성을 유지할지 아니면 다른 성을 택할지 스스로 결정할 수 있다. 그러나 중요한 사항은 이렇게 스스로 자신의 성을 선택한 후에는 죽을 때까지 그 선택한 성을 변경해서는 안 된다(*Barbin* vii–viii)는 점이다.

양성구유자가 오직 하나만의 진정한 성을 소유해야 한다는 성의 이분법적 체계가 공식화된 시기는 역사적으로 오래되지 않았다. 틀에 얽매이지 않고 자유스럽게 자신의 성을 선택할 수 있었던 양성구유자에게 역사적인 상황이 변하면서 부정적인 결과가 만들어진 것이다.

> 섹슈얼리티의 생물학 이론, 개인에 대한 사법적 개념, 근대 국가가 가지고 있는 여러 형태의 행정적 통제로 인해 한 몸에 두 개의 성이 있다는 개념이 점차 부정되고, 따라서 불확실한 성 개념을 가진 양

> 성구유자의 자유로운 성 선택에 제동이 걸리게 된다. 누구나 오직 하나의 성만을 가지고 있어야만 한다. 누구나 그/녀의 근본적인 확실한 성 정체성을 가지고 있어야 한다. 다른 성의 요소들은 부속적이며 피상적이고 심지어는 단순한 환상일 수 있다. (*Barbin* viii)

기본적으로 법과 의학이 양성구유자뿐만 아니라 일반인의 성에 대한 인식과 상황을 바꿔 버렸다. 버틀러도 푸코가 『성의 역사 1권』에서 누구나 자신만의 하나의 성을 소유해야 한다고 주장하는 성의 일의어적 구성 개념을 지적하고 해석한다.[7] 푸코는 "'성'의 개념이 해부학적인 요소, 생물학적인 기능, 행위, 감각, 쾌락을 인위적인 단일체로 분류할 수 있게 만들었고, 이 허구의 단일체는 인과 관계의 원리로 사용되었다"라고 주장한다(*History* 154). 버틀러가 해석하는 푸코의 성의 일의어적 구성 개념이나 푸코가 말하고 있는 성의 개념을 다른 말로 정의하자면 남성은 남자가 되어서 남성성을 보여 줘야 하고, 여성은 여자가 되어 여성성을 보여 줘야 하는 이성애 사회에서의 강제적 이성애의 실천을 뜻하는 것이다.

푸코가 말하는 성의 개념과 이에 대한 버틀러의 성의 일의어적 구성 개념은 알렉시나의 이야기를 이해하는 데 중요한 출발선이 될 수 있다. 먼저 푸코는 진부한 내용의 알렉시나 이야기가 중요한 이유는 바로 시기 때문이라고 강조한다. 푸코에 의하면 대략 1860년경부터 1870년까지의 시기는 양성구유자의 진정한 성을 입증하기 위해서뿐만 아니라 다양한 형태의 성도착을 확인하고, 분류하고, 특징화하기 위한 목적으로 성 정체성에 대한 조사가 가장 심하게 시행되었던 시기 중의 하나였다(*Barbin* xi–xii). 푸코에게 있어 18, 19세기를 일컫는 서구에서의 근대 시기는

> 법과 과학과 의학의 담론이 주체에 대한 지배를 강화해서 점진적으로 몸의 지식과 생산, 경험에 밀접한 관련을 하게 됐다. (Lafrance 161)

근대 시기에 권력의 혁신적인 기법 중의 하나는 "경제적이고 정치적 문제로서 '인구'의 등장"이었다(*History* 25). 푸코는 "국가의 인구는 자연스러운 번식에 의해서가 아니라 산업, 생산물 그리고 다양한 사회제도에 의해 증가한다. … 인간은 땅에서의 수확량처럼 인간이 노동을 통해 발견하는 이익과 부에 비례해서 증가한다"(25)라는 클로드 자크 에르베르Claude-Jacques Herbert의 말을 인용하는데, 이러한 경제적 그리고 정치적인 문제의 핵심에는 몸, 즉 성이 있다는 것이다. 개인과 국가 사이에 성은 공적인 관심사가 되어서 그 둘은 "성에 대한 담론, 특별한 지식(앎), 분석, 명령의 망"(26)으로 얽혀 진리를 만들어 낸다. 권력과 지식이 서로 얽히면서 서로의 생산을 책임지게 되면, 근대 주체는 권력과 지식이 합작해 만들어 낸 진리 개념을 마지못해 따라야 한다.

랍쿠르 마을의 농장 노동자 사건은 1867년에 발생했고, 알렉시나는 1860년에 법적으로 자신의 성이 바뀐다. 이것은 푸코가 지적하는 전형적인 근대 주체의 모습인데, 그렇다면 이 시기 알렉시나의 상황을 인식하는 양성구유자에 대한 의학과 법의 태도는 어떠

한지 살펴보자. 의학적 관점에서 볼 때, 관련 의사는 양성구유자를 관찰하면서 한 몸에 두 개의 성이 존재한다는 사실을 인정하는 데 관심이 없다. 의사의 의무는 "모호한 외양 아래 숨겨진 진정한 성을 판독하는 것"이다(*Barbin* viii). 즉 몸에서 해부학적으로 애매한 부분을 모두 제거해, "반대 성의 형태를 취하고 있는 기관들 뒤에 진정한 하나의 성을 발견하는 것"(viii–ix)이 전문가로서 의사가 해야 할 일이다. 법의 관점에서 보면, 이 현상은 명백히 선택의 자유가 사라졌다는 것을 의미한다. 자신의 성을 스스로 선택할 수 있었던 양성구유자의 권리가 박탈된 것은, 법적으로, 사회적으로 한 개인이 원하는 성을 이제는 스스로 결정할 수 없게 됐음을 뜻한다. 이는 한 개인의 "성을 결정하는 것은 전문가의 영역이 되었고, … 법은 충분히 잘 인지되지 못했던 성 헌법의 정당성을 규명하거나 재규명해야 했다"(ix)라는 텍스트로 표현된다. 근대는 하나의 몸에 하나의 진정한 성을 필요로 하기 때문이다.

오귀스트 타르디외Auguste Ambroise Tardieu는 알렉시나에 관한 자신의 보고서에서 남성 대명사를 사용해 알렉시나를 지칭한다. 그리고 알렉시나의 경우 전형적인 여성성의 외모를 꽤 오래 유지했으나, 과학과 법이 알렉시나가 태어났을 당시의 잘못을 인정하고 바로잡아 이 청년의 진실한 성을 찾아주었다고 기술한다(123).

의학(과학)과 법이 진실한 성이라는 진리를 만들어 내는 데에 앞서서 중세 이후 서구 사회에서 진실을 끄집어내기 위해 가장 높이 평가되는 기술 중의 하나가 고백이다. 담론의 의식으로 "고백은 단순한 상대방이 아닌 판단하고 처벌하고 용서하고, 위로하고, 조정하기 위해서 고백을 요구하고, 명령하고 평가하고 개입하는 권위를 소유하고 있는 상대방이 있어야 한다"(*History* 61−62). 이런 이유로 고백은 권력관계 속에서 이루어진다. 특히 성에 연루된 문제는 고백의 전형적인 주제로 "고백은 성에 관한 진실한 담론의 생산을 관할하는 일반적인 표준이었고, 여전히 그런 역할을 하고 있다"(63).

알렉시나도 마음의 부담을 덜기 위해 신부에게 자신과 사라의 관계를 고백하게 된다. 알렉시나는 고백을 통해 참회하며 몸을 보여 주기 위해 의사를 만나라는 지시를 받는다. 여기서 의사는 알렉시나에게 또 다른 고해 신부가 되는데, 이러한 고백을 통해 "사회는 개인의 쾌락의 비밀스러운 정보를 말하도록 유도해서 듣게 된다"(63). 오랜 시간 감추어졌던 알렉시나의 몸에 대한 진실이 두 남자, 성직자와 의사에 의해 빠르게 밝혀지게 되는 것이다.

이렇듯 성과 관련된 사회 구성원들의 쾌락이 고백을 통해 문서로 만들어지고 분류되는데, 푸코에 의하면 근대 시기는 개인의 쾌락이 죄와 구원이 아니라 몸과 생명이라는 과학의 담론에 근거해 진실이라는 담론으로 공론화된다. 알렉시나의 몸을 관찰한 의사 체스넷은 보고서를 통해 "그녀의 진실한 성"에 관해 자신의 의견을 밝힐 책임이 있다고 이야기하며 알렉시나의 몸에 대한 자세한 설명을 이어 나간다. 그리고 그의 의학적 결론으로 알렉시나는 1860년 6월 21일에 법적으로 아벨이라는 이름을 가진 남성이 된다. 평범했던 농장 노동자의 성과 관련된 행위가 어느 순간 권력에 의해 기록되고 관찰된 것처럼 알렉시나의 경우도 권력과 앎(지식)의 관계를 통해 곤충이나 식물이 표본을 위해 채집되듯 다양한 형태의 섹슈얼리티 중 하나로 목록화된다.

여기까지의 푸코의 논리를 바탕으로 해서 다시 버틀러의 반론으로 돌아가 보자. 사람들은 알렉시나가 법적으로 여성에서 남성 신분으로 변경되기 전에, 그/녀가 '성' 범주에 대한 사실상의 법 규제가 전혀 작동되지 않는 쾌락을 맘껏 즐겼을 것으로 생각할 수 있다. 버틀러에 의하면, 푸코도 알렉시나의 회고록이 일의어적 섹스의 법이 부과되기 전에 규제되지 않은 쾌락을 보여 준다고 생각하는 듯하다고 한다. 여기서 버틀러는 "이런 쾌락은 만연해 있지만 분명치 않은 법에 이미 항상 내재하여 있고, 실제로 쾌락이 무시한다고 알려진 바로 그 법에 의해 생산되고 있다"(133)라는 논리를 내세우며 푸코가 근본적으로 오해하고 있다고 지적한다. 버틀러는 진실한 성이 주어지기 전에 쾌락의 유토피아적인 놀이로서 알렉시나의 섹슈얼리티가 낭만화돼서는 안 된다고 강조하면서 푸코식 대체 질문은 가능하다고 한다. 즉,

> 어떤 사회적 관습과 관행이 이러한 형태의 섹슈얼리티를 생산해 내는가? 이 질문을 천착해 가는 과정에서 우리는 1) 권력의 생산적 능력, 즉 규제 전략들이 그들이 복종시키게 되는 주체를 생산하는 방법과 2) 이런 자서전적인 이야기 맥락에서 권력이 섹슈얼리티를 생산해 내는 구체적인 메커니즘에 관한 무엇인가를 이해할 수 있는 기회를 갖게 된다. (133)

버틀러의 주장을 요약해 보면 수녀원에서 알렉시나의 섹슈

얼리티는 이미 그리고 항상 법의 영향 아래 있었기 때문에 그/녀가 경험한 쾌락이 비정체성의 목가적이고 순진한 쾌락으로 읽혀서는 안 된다는 것이다. 버틀러에 의하면 알렉시나의 몸은 "일의어적인 성에 관한 법적인 담론에 의해 생산된, 해결할 수 없는 모순의 표시"(135)로 읽혀야 한다. 그래야 권력이 어떻게 복종하는 근대 주체를 만들어 내고 어떻게 권력이 다양한 섹슈얼리티를 생산해 냈는지 그 과정을 볼 수 있다는 것이다. 버틀러가 제안한 푸코식 대체 질문은 알렉시나 이야기의 중요한 부분으로 앞에서 자료를 이용해 버틀러의 논리에 이미 힘을 실었다.

하지만 버틀러의 반박을 다른 각도에서 접근해야 할 부분은 알렉시나가 법에 따라 진정한 성을 재부여받기 전에 "비정체성의 행복한 중간지대"에 있었느냐에 대한 해석이다. 버틀러는 푸코가 알렉시나의 이야기를 여성 동성애 담론으로 몰고 가다가 알렉시나의 동성애 정체성을 철회하고 비정체성으로 방향을 변경했다고 주장한다. 알렉시나의 이야기가 여성 동성애 담론이 되면 그 결과가 푸코가 거부하는 성 범주의 영역으로 들어가기 때문에 비정체성을 선택했다는 것이다. 이런 비정체성에 양성구유자 알렉시나가 말하는 "신비스러운 기쁨"이 더해져 "비정체성의 행복한 중간지대"가 만들어졌을 것이다. 푸코는 알렉시나가 머무는 이런 세계를 "고양이는 없고 웃음만 달린" 세계라고 칭한다.

이러한 버틀러의 논리로부터 다른 각도를 취해 보면 푸코의 의도는 단절된 이미지들이 연결되면서 논리성을 보여 준다. 푸코는 "우리는 정말로 진실한 성이 필요한가?"에 대한 물음으로 양성구유자 알렉시나에 대한 이야기의 서문을 시작한다. 역사적으로 근대라는 시기가 진정한 성을 필요로 한다는 논리에 따라 알렉시나는 소위 진실한 성을 찾았지만 알렉시나의 자살을 유도하고 방관한 근대성이 푸코는 못마땅했다. 푸코가 보여 주고 싶었던 세계는 진실한 성이 필요 없는 세계일 수가 있다. 이는 순수한 쾌락의 세계, 버틀러의 표현으로 "쾌락에 강요된 규제를 초월하는 쾌락"(131)의 세계다. 동시에 버틀러가 푸코의 논리를 반박하는 데 사용하는 법 이전의 세계로, 근대성에 의해 무너진 진실한 성이 필요 없는 세계다.

그렇다면 알렉시나가 "비정체성의 행복한 중간지대"에서 쾌락을 경험하는, 진실한 성이 필요 없는 세계는 어떤 세계일까? 알렉시나와 동성애자처럼 이분법 관계 내의 일의어적 성 모형에서 벗어나면서 성 규범을 위반한 구성원들의 행동 양식은 현실과는 거리가 있다. 이런 이유로 푸코는 성적 이상sexual irregularity은 사실상 환상chimeras의 영역에 속해서 성적 이상은 범죄crime보다는 허구fictions의 개념으로 접근하게 된다고 주장한다.

> 젊은이들이여, 너희들이 가지고 있는 환상의 쾌락에서 깨어나라. 너희들의 위장을 벗어 던지고 너희 모두는 하나의 성, 오직 하나의 진실한 성을 가지고 있다는 것을 상기하라. (*Barbin* x)

냉소적인 분위기로 읽혀야 할 부분으로 푸코는 "환상의 쾌락"을 언급하면서 성적 이상의 세계를 현실과 대치시키고 있는데, 이것이 푸코가 알렉시나의 이야기를 각색한 파니차[8]의 「수녀원의 스캔들」을 한 책에 같이 묶어 놓은 이유다. 파니차가 알렉시나의 세계를 환상의 세계, 꿈의 세계로 묘사하기 때문이다.

> 이 성도착 정사의 지형을 만들어 내는 데 있어서, 파니차는 그의 이야기 중심에 알렉시나가 있게 될 거대한 환영을 의도적으로 만들어 놓는다. 수녀, 여선생, 불온한 여학생, 길 잃은 천사, 남녀 연인, 숲을 달리는 파우누스, 아늑한 기숙사를 침범하는 악령, 털 많은 다리의 사티로스, 정화된 악령이 있다. 파니차는 다른 사람들이 보게 되는 지나치는 그녀의 모습을 측면의 형태로 놓아 둔다. 결코 남자도 여자도 아닌 이 양성구유자는 밤에 모든 사람의 꿈에, 욕망에, 공포심 속에 스쳐 지나가는 것에 불과하다. 파니차는 그녀를 신비스러운 인물로 만들었다. 정체성도 이름도 없이 그녀는 이야기의 마지막에 흔적도 남기지 않고 사라진다. 심지어 파니차는 마지막에 호기심 많은 의사들이 현실에 부적당한 성을 부과해 아벨 바르뱅을 자살하게 해 시체라도 남아 있게 한 것처럼 그녀의 생을 자살로 끝나게 하지 않는다. (*Barbin* xvi)

파니차의 알렉시나 이야기는 한밤중의 꿈 이야기와 같이 아침이 되면서 기억 저편으로 아련히 사라져 버린다. 알렉시나의 몸을 검사했던 의사는 "사실 알렉시나는 생식 능력이 있는 남자입니다"라는 편지를 수녀원 신부에게 보내고, "같은 날 알렉시나는 그녀의 부모가 있는 마을로 돌아갔다"라는 말로 마치 아무 일도 없었던 것처럼 이야기는 끝을 맺는다(*Barbin* 199).

존 테니얼이 그린 『이상한 나라의 앨리스』의 체셔 고양이

푸코가 판타지와 같은 파니차의 소설을 알렉시나의 회고록과 함께 편집한 이유는 두 텍스트가 모두 양성구유자 주제가 유행했던 19세기 말에 만들어졌기 때문이기도 하지만, 알렉시나의 이야기를 한밤중의 꿈과 같은 판타지 세계로 각색해서 보았기 때문이기도 하다. 즉, 그것이 진실한 성이 필요 없는, 고양이는 없고 웃음만 달려 있는 환상의 세계를 구체화했기 때문이다. 『이상한 나라의 앨리스 *Alice's Adventures in Wonderland*』에 등장하는 체셔 고양이의 나무에 걸쳐 있는 웃음을 생각해 보자. 몸이 보이지 않으니 정체성을 알 수 없는

웃음만이 떠 있을 뿐이다. 우리는 그 웃음이 주체의 정체성과는 관계가 없는 기쁨, 쾌락이라는 것을 알고 있다. 즉, 비정체성의 쾌락이다.

현실에서 살기에 부적당한 진실한 성을 재부여받은 알렉시나를 보면서 푸코의 질문을 생각해 보면 진실한 성이란 필요하지 않을 수도 있다. 이때 몸과 제도의 상호 작용을 분석하는 푸코는 "개인을 확고한 본질로 바라보기보다는, 몸을 구체화하는 담론의 과정을 분석한다. 이 개념은 퀴어 이론가에게 매우 유용하다"(Mills 83). 다시 말해 진실한 성에 대한 부정적인 개념은 성 정체성의 유동성과 연관해 접근할 수 있게 하는데 이것이 바로 퀴어인 것이다. 앨리스의 세계는 퀴어 세계이고 푸코는 웃음 없는 고양이보다는 고양이가 없는 웃음의 개념을 통해 "우리는 정말로 진실한 성이 필요한가?"에 답하고 있다.

버틀러는 양성구유자 알렉시나에 관해 푸코가 발행한 회고록의 서문 내용과 『성의 역사 1권』에서 보여 준 푸코의 섹슈얼리티에 대한 이론이 모순된다고 주장한다. 버틀러의 주장은 섹슈얼리티는 항상 권력과 연관되어 있으나 푸코는 알렉시나의 수녀원 생활을 권력이 개입되지 않은 낭만적인 세계로 묘사하고 있다는 것이었다. 이러한 버틀러의 지적을 해결하기 위해 푸코의 질문 "우리는 정말로 진정한 성이 필요한가?"에 대한 답을 찾기 위한 과정을 함께 공유해 보았다. 푸코는 랍쿠르의 농장 노동자 경우를 설명하면서 일상적이던 개인의 섹슈얼리티가 권력-앎-쾌락의 체제에 의해 특징화되는 과정을 보여 주었다. 마찬가지로 양성구유자 알렉시나의 경우에서도 한 개인이 근대성에 의해 현실에 부적합한 진실한 성을 재부여받는 과정을 살펴보았다. 논리를 확장하면서 근대성이 만들어 놓은 일의어적 성의 구조에 반하는 환상의 세계에서 볼 수 있는 비정체성의 개념도 이야기해 보았다. 알렉시나의 이야기는 양성구유자에 관한 이야기로, 진정한 성이 필요한가에 답을 주기 위한 푸코의 시도로서 근대 시기에 권력에 의해 성이 정치화되는 과정을 보여 주고 있다.

지금까지 권력이 어떻게 성에 개입하고 담론과 연결돼 진리를 만들면서 복종하는 근대 주체를 탄생시켰는가를 살펴보고 푸코의 의도를 이상적인 세계, 환상의 세계와 연결해 분석해 보았다. 버틀러가 제기한 푸코의 모순에 대한 논박을 시도하려 했으나 읽는 이에 따라 또 다른 비평을 생각할 수 있는 부분이 있을 것이다. 이는 버틀러와 필자가 푸코의 『성의 역사 1권』과 알렉시나의 회고록을 다른 시각에서 이해하기 때문일 것이다.

인용 및 참고 자료

Butler, Judith. *Gender Trouble: Feminism and the Subversion of Identity.* New York: Routledge, 2006.

Foucault, Michel. *The History of Sexuality, Volume 1: An Introduction.* Translated by Robert Hurley. New York: Vintage, 1990.

______________, ed. *Herculine Barbin: Being the Recently Discovered Memoirs of a Nineteenth-Century French Hermaphrodite.* Translated by Richard McDougall. New York: Vintage, 1980.

Lafrance, Marc. "The Struggle for True Sex: Herculine Barbin dite Alexina B and the Work of Michel Foucault." *Canadian Review of Comparative Literature* 32.2(2005): 161-82.

Mills, Sara. *Michel Foucault.* New York: Routledge, 2005.

3장

—

영화로 읽는 주디스 버틀러: 젠더, 섹스, 몸의 새로운 가능성에 대하여

○

젠더란 강요에 의해 몸이 "양식화된 행동을 반복"한 결과로
그 행동들은 인간의 자연스러운 특성이라 여겨지지만,
이는 "자연스러워진 몸동작에 대한 환각 효과" 때문이다.

1. 버틀러의 의도

미국 메인주에 있는 어떤 마을에는 어려서부터 여자처럼 엉덩이를 좌우로 흔들며 걷는 남자아이가 있었다. 십 대 중반을 넘어서면서 그 아이의 여자 걸음걸이 정도가 더욱 뚜렷해지자 동네 남자아이들은 그 애를 괴롭히기 시작했다. 어느 날 남자아이들이 그 아이를 불러 세워 싸움이 시작되었고 그 아이들은 여자처럼 걷는 아이를 다리 아래로 던져 죽게 했다. 주디스 버틀러가 들려주는 이야기다.[9] 이야기를 마치고 버틀러는 "왜 걷는 모습 때문에 누군가가 살해돼야 하는가?" 그리고 "왜 한 아이의 걷는 모습이 다른 남자아이들을 혼란스럽게 만들어서 그렇게 걷지 못하게 만들려고 하는가?"라는 질문을 한다. 버틀러는 〈성찰하는 삶Examined Life〉(2008)[10]에서도 신체

장애 운동가 수노라 테일러Sunaura Taylor에게 같은 일화를 말해 주고는 "걷는 모습을 보고 어떻게 어떤 사람을 죽이고 싶은 욕망이 생길까?"라고 질문한다. 버틀러는 '규범으로서의 젠더gender as a norm'가 강요되고 있다는 사실을 지적하려는 것이다.

이성애 사회에서는 '이성애 규범성heteronormativity'이 작동되고 있다. 남성과 여성, 남자와 여자로 분류된 섹스/젠더 규범 틀 안에서 남성male은 반드시 남자man가 되어서 남성성masculinity을 따라야 하고, 여성female은 반드시 여자woman가 되어서 여성성femininity을 따라야 한다.[11] 젠더 규범은 행동할 때, 말할 때, 걸을 때 등등 남자이기 때문에 준수해야 할 남성성의 실천 항목과 여자이기 때문에 준수해야 할 여성성의 실천 항목으로 이분화되어 있다. 버틀러가 들려준 이야기에서 엉덩이를 흔들며 걷는 모습은 여자들의 걷는 모습으로 남자가 여자처럼 걸으면 젠더 규범을 준수하지 않는 것이 되기 때문에 그 남자는 사회의 구성원들이나 혹은 사회제도로부터 어떤 제재나 처벌을 받게 된다.

(이성애 규범을 준수하는 사회의) 결혼식에서 어떤 권위가 남성과 여성을 각각 남편과 아내로 선포해 법의 효력을 만들어 내는 것처럼 아이가 태어나면 그 아이는 권위에 의해 남성 혹은 여성이라는 이분화된 생물학적 성 중의 하나를 부여받는다. (물론 당사자인 태어난 아이의 의사는 전혀 반영될 수 없다.) 권위의 호칭으로 이성애 규범에 따라 남자아이는 남성성을, 여자아이는 여성성을 표현해야만 한다. 이러한 남/녀 이분법에 따른 젠더 표현은 인간 본성에 내재해 있는 특성으로 인간 몸에 자연스럽게 각인되어 변할 수 없는 인간의 필요조

건으로 인식되고 있다.

이렇게 이성애 규범의 틀 안에서 젠더가 '본질'과 '자연스러움'의 개념으로 작동되고 있는 데 대해서 거부 반응을 보이며 버틀러는 '강제적 이성애'의 전복을 염두에 둔 젠더의 '비본질성'과 '비자연성'을 주장한다. 즉, 젠더의 '수행적performative' 특성을 강조하면서 젠더에 대한 기존의 견해와 거리를 멀리하고 있다. 버틀러는 어떤 젠더화된 표현들이 잘못된 것이고 파생된 것인지, 그리고 어떤 젠더화된 표현들이 사실이고 원본인지를 규정한 '진실'이라는 정치제도에 대한 의문을 던진다. 그리고 어떤 가능성의 의무적, 강압적 실천논리와는 관계없이 젠더의 가능성에 대한 장을 열어 보는 것이 『젠더 트러블』을 쓴 목적이라고 설명하고 있다. 이러한 버틀러의 목적을 조금 더 구체화해 보면 강제적 이성애주의와 가부장제도의 틀로 자연스러워지고 구체화된 젠더 개념을 전복하고 대체할 가능성을 생각해 볼 수 있을 것이다.

이번 장에서는 『젠더 트러블』의 내용을 중심으로 버틀러의 퀴어 이론을 영화를 통해 설명한다. 버틀러의 젠더 논의를 섹스와 몸의 논의로까지 확장하고, 버틀러가 『젠더 트러블』의 목적으로 설정한 '젠더의 가능성'과 이에 더해서 '몸의 가능성'까지를 포함한 논의로 글을 마무리하겠다. 『젠더 트러블』의 난해성과 불명확성이 비평가들에 의해 지적되곤 하는데, 글의 의도된 결론을 위해 가능한 한 필자의 버틀러 이해에 의존해 필요한 내용을 인용할 것이다. 영화는 버틀러의 이론을 이해하고 주어진 논의의 다양한 상황을 보여주기 위해 여러 나라의 다양한 자료들이 언급될 것임을 밝혀 둔다.

2. 규범으로서의 젠더

〈두 소녀의 용감한 사랑 이야기The Incredibly True Adventure of Two Girls in Love〉(1995)에서 가족 구성원이 모두 레즈비언인 랜디는 남성적인 외모와 행동으로 학교 아이들로부터 따돌림을 당하며 철저히 주변화되어 있다. 유일한 학교 친구는 여성성이 강한 게이인 프랭크뿐이다. 〈플루토에서 아침을Breakfast on Pluto〉(2005)에서도 어린 시절의 패트릭은 위탁 가정에서 여자 옷을 입고, 여자 구두를 신고, 립스틱을 칠하며 놀다가 양엄마에게 발견되어 체벌을 받으며 "난 남자다. 여자가 아니다"라는 정체성 확인 구호를 강요당한다. 〈천하장사 마돈나〉(2006)에서도 립스틱을 칠하고 마돈나의 노래를 따라 부르며 언젠가 마돈나와 같은 완벽한 여성이 되려는 꿈을 간직하고 있는 동구는 계속되는 아버지의 폭력에 시달리며 씨름부 선배에게 조롱당하기도 한다. 〈트랜스아메리카Transamerica〉(2005)에서 트랜스젠더 여성인 스탠리/브리는 아버지라고 불러야 할지 엄마라고 불러야 할지 혼란에 빠져 역겨워하는 아들 토비에게 신체적 폭력을 당한다. 〈킨키 부츠Kinky Boots〉(2005)에서 롤라는 어린 시절 빨간 여성 구두를 신고 데이비드 보위David Bowie의 "더 아름다운 별The Prettier Star"의 리듬에 맞춰 흥에 겨워 춤을 추다가 아버지에게 "멍청한 놈"이라는 소리를 듣는다. 〈빌리 엘리엇Billy Elliot〉(2000)에서 권투보다는 발레에 관심이 있는 빌리는 아버지의 협박과 폭력을 참아 내야 한다. 〈대니쉬 걸The Danish Girl〉(2015)에서 트랜스젠더 여성인 에이나르는 공원에서 두 남성으로부터 폭력을 당한다. 〈버드케이지The

Birdcage〉(1996) 속 앨버트는 누구도 원치 않았던 발의 엄마 역할을 기꺼이 시도했다가 분위기를 심각하게 만들어 버린다. 왜 이런 폭력적이고 부정적이며 조롱 섞인 반응을 불러일으키는 상황이 연출되는가? 버틀러가 지적한 '젠더 규범'을 준수하지 않았기 때문이다.

먼저 버틀러의 '문화적 수용 범위Cultural Intelligibility'에 대해 이야기해 보자. 모야 로이드Moya Lloyd는 이 용어를 "한 합법적인 주체로서 인정받을 수 있는 사람을 길들이는 규정에 대한 근거의 생산"(33)으로 정의하고 있는데, 버틀러의 논지를 정리해 보면 이렇다. 버틀러에게 '수용 가능한intelligible' 젠더의 조건은 섹스, 젠더, 성 관습, 욕망 사이에 '일관성'과 '지속성'의 관계가 형성되고 유지되어야 한다. 이때 한 개인의 일관성이나 지속성은 상대적인 개념으로, 한 개인의 정체성을 논리적으로 분석해 줄 수 있는 개념들이 아니라 사회적으로 제도화되고 유지되는 '수용 범위의 규범들norms of intelligibility'이다. 여기서 일관성과 지속성에 법이 관여하게 되는데, 성 관습을 통한 성 욕망의 표현에 있어서 생물학적인 섹스, 문화적 구성체인 젠더, 그리고 섹스와 젠더의 표현이나 혹은 결과 사이에 인과 관계의 연결을 만들어 내는 법이 비지속성과 비일관성에 대한 원인을 계속해서 만들어 내고 금지한다. 그리고 이 과정에서 수용 가능한 젠더 정체성들이 규범이나 법의 보호를 받게 되면서 존재해서는 안 될 정체성들이 가려져 규범이나 법의 보호를 박탈당한다. 따라서 랜디, 패트릭, 동구, 브리, 롤라, 빌리, 에이나르, 앨버트는 합법적인 주체가 될 수 없다. 이들의 정체성은 '문화적 수용 범위의 규범the norms of cultural intelligibility'에 적응하는 데 실패했기 때문이다. 예를 들

시몬 드 보부아르 (1967)
(Author: Moshe Milner, 출처: 위키피디아)

어 사회가 요구/기대하는 랜디의 '수용 가능한 젠더'로서의 미래는 랜디가 태어났을 때 생물학적으로 여성의 성이 주어졌기 때문에 젠더 규범에 따라 여자같이 외모를 꾸미고, 말하고, 행동하고 걸어야 하며 자신의 반대 성인 남성에게 성적 끌림을 느껴서 남성과 결혼해 아기를 출산해서 양육해야 한다.

강요에 의해 자연스러워진 이성애 제도에서 젠더는 이분법을 따라야 하는데, 이러한 제도에서 남성성을 표현하는 용어와 여성성을 표현하는 용어는 차별화되어 있다. 그리고 이 차별화는 '이성애 욕망의 실행'을 통해 완성된다. 즉, '수용 가능한' 젠더는 섹스, 젠더, 섹슈얼리티 사이에 일관성과 지속성이 있어야 한다. 그런데 버틀러의 주장은 이분화된 젠더인 남성성과 여성성은 인간의 내부에 내재한 자연스러운 특성이 아니라는 것이다. 이것은 다양한 사회 시스템 내부에서 작동하고 있는 강요로 익숙해져 있어서 단지 자연스러운 현상으로 인식되고 있을 뿐이다. 따라서 몸과 젠더 사이에는 필연적인 인과 관계가 있는 것이 아니다. 여기서 버틀러의 '수행성performativity' 개념이 나온다. 버틀러는 『젠더 트러블』 1999년판 서문에서 수행성 개념에 대한 정확한 정의를 만들어 내지 못하는 어려움을 토로하고 있지만, 버틀러가 시몬 드 보부아르Simone de Beauvoir를 해석한 부분은 수행성 개념 이해의 출발선이 될 수 있을 것 같다.

보부아르는 『제2의 성*The Second Sex*』(1949)에서 "여자로 태어나는 것이 아니라 여자가 되는 것이다One is not born a woman, but rather becomes one"라는 젠더 연구에 중요한 논제를 던져 준다. 버틀러는 여자가 아니라면 어떻게 여자가 될 수 있느냐는 질문으로 문장의 비논리성을 부각하며 보부아르에 대한 해석을 시도한다.

보부아르의 말은 '여자라는 범주the category of women'가 가변적인 문화의 생산물, 즉 젠더는 타고나는 것이 아니라 획득되는 결과물이라는 의미다. 이는 젠더는 섹스를 표현하는, 즉 젠더가 섹스의 결과라는 인과 관계의 개념이 아니라는 것이다. 여기서 모니크 위티그Monique Wittig와 같이 이분법에 따른 섹스의 분류 역시 정치적이라는 논지에 동의하고 있는 버틀러와는 달리 보부아르에게 섹스는 불변의 사실로 섹스는 태생적이다. 섹스는 변할 수 없으나, 젠더는 섹스화된 몸에 나타나는 가능한 수많은 문화적 의미로 가변성의 문화적 산물이다. 버틀러에게 젠더란 "되기becoming"로서 그 자체가 일종의 '움직임'이다. 젠더는 고정된 개념이나 "불변의 문화적 표시"가 아니라 끊임없이 반복되는 어떤 움직임이다. 섹스에 대해서는 버틀러와 관점이 다르지만 보부아르의 '되기' 개념은 버틀러의 수행성을 이해하는 데 기본 개념이 될 수 있다. 1999년판 서문에서 버틀러는 수행성의 개념을 다시 정의하고 있다.

> 젠더가 수행적이라는 관점은 우리가 젠더에 내재한 본질로 여기던 것이 몸의 젠더화된 양식화를 통해 사실로 상정되고 일종의 지속된 움직임들을 통해 생성됐음을 보여 주기 위한 노력이다. 이런 방식으로 젠더가 수행적이라는 관점은 우리가 우리 자신에 "내재한" 특성으로 알고 있는 것이 우리가 예상해서 어떤 신체적 움직임을 통해 만들어 내는 것임을 보여 주었다. (*GT* xv–xvi)

젠더란 강요에 의해 몸이 "양식화된 행동을 반복"한 결과로 그 행동들은 인간의 자연스러운 특성이라 여겨지지만, 이는 "자연스러워진 몸동작에 대한 환각 효과" 때문이다. 따라서 젠더를 논할 때 이것은 "진짜"이자 "원본"이고, 저것은 "가짜"이자 "파생"이라는 구도를 설정하는 것은 핵심에서 벗어난 논리라 할 수 있다.

첸 카이거Chen Kaige 감독의 〈패왕별희Farewell My Concubine〉(1993)에서는 몸의 "양식화된 행위의 반복"으로 한 개인에게 젠더 역할이 강요되는 과정을 볼 수 있다. 자신의 의지와는 관계없이 극단의 사부로부터 우희 역을 강요받는 도즈는 남자로서 여자 역이 부담스러워 계속 반항하지만 〈패왕별희〉의 역사적 내용을 몸과 마음에 익혀 나간다. 그러다 그는 새로 부임한 극단장의 눈에 띄어 사부로부터 극 중 노래를 부르도록 명령받는다. "나는 본래 계집아이로 / 나는 비구니 / 꽃다운 시절 사부에게 머리를 깎여 / 나는 본래 계집아이로 / 사내아이도 아닌데"가 모두가 기대하고 있는 도즈가 자신의 입으로 노래해야 할 가사이다. 그런데 도즈는 "나는 본래 사내아이로서 / 계집아이도 아닌데"로 자신의 의지가 반영된 바뀐 가사로 노래를 부른다. 극단장의 눈 밖에 나면 공연은 물론이고 재정적인 도움을 기대할 수 없는 상황에서 (사부가 개입해서 더 큰 처벌을 가하기 전에) 패왕 역을 맡은 극단 동료 시토는 도즈에게 "넌 계집이야"를 반복하며 계집아이로서의 정체성을 인정하라는 신체적 체벌(입에 대한 체벌)을 가한다. 바로 이 상황을 버틀러는 "젠더는 명백한 처벌의 결과가 있는 수행이다. 젠더를 올바르게 수행하지 못하면 처벌을 받는다"(*GT* 190)라고 설명한다. 결국, 갈 곳이 없는 도즈는 극단의 사부나 극단장 등 권력의 처벌로부터 살아남기 위해 권력이 강요한 역할을 어쩔 수 없이 받아들여야 한다. 이 사건으로 도즈는 철저히 초나라 패왕 항우의 애첩인 우희가 된다. 이 장면은 버틀러가 말하는 이성애 사회에서의 강제적 젠더 역할 분담을 상징적으로 잘 보여 주는 부분으로, "다양한 육체적 양식을 통해 구체화된 역사적 가능성들은 다름 아닌 처벌로 규제된 문화적 허구들인데, 이 허구들은 압력 아래에 번갈아 구체화되고 편향된다"(*GT* 190). 그리고 무대 밖에서도 평생 시토의 우희가 되기로 결심한 도즈로부터 과연 섹스도 태생적으로 고정된, 자연스러운 개념인지에 대한 버틀러의 질문을 생각해 볼 수 있다.

여기서 버틀러는 기존 젠더 체계를 패러디하고 젠더가 수행적임을 보여 주기 위해 드래그drag 이야기를 한다. 〈킨키 부츠〉에서 롤라가 "드래그 퀸은 립스틱을 칠한 보리스 옐친"이 아니라 "드래그 퀸은 드레스를 입은 카일리[미노그]처럼 보이지"라고 말할 때 버틀러가 말하는 드래그의 목적과 의미를 생각해 보자.

드래그는 "실재"가 우리가 일반적으로 그러리라 생각하는 것처럼 고정화되어 있지 않다는 것을 밝히려는 의도의 한 본보기이다. 본보기의 목적은 젠더 규범에 따라 행해지는 폭력을 저지하기 위해 젠더의 "실재"가 근거가 없음을 드러내는 것이다. (*GT* xxv)

이는 이성애 규범이 당연하다고 강요하는 젠더 표현으로서의 남성성과 여성성이 본성이 아니라는 이야기다. 버틀러가 말하는 드래그의 목적을 에스더 뉴턴Esther Newton의 말로 설명해 보면,

드래그의 효과는 성기에 의해 결정된 성역할의 개념을 유연하게 만드는 것이다. 동성애자들은 일반적으로 알려진 사실과는 반대로 성별 역할에 따라 주어진 행동은 획득될 수 있다는 것을 알고 있다. 그들은 성기에 의해 부여된 어떤 역할이 "자연스럽고 적절한" 행동이 전혀 아니라는 사실을 알고 있다. (103)

카일리 미노그(2018)
(Ahthor: marcen27, 출처: 위키피디아)

뉴턴의 설명을 보충해 보면, 여성의 복장을 하고 여성의 외모로 연기하는 남성인 드래그 퀸drag queen 혹은 여장 남우female impersonator는

외모는 여성이지만 실재는 남성으로 '외모는 환상'이라는 것을 보여 주고 있다. 즉, "여성성의 환상을 와해시키는 것"이 드래그 퀸이 무대에 서는 이유 중 하나인 것이다(101). 이 말을 다시 버틀러의 말로 옮기면, "젠더를 모방하는 데 있어서, 드래그는 젠더 자체가 비필연적일 뿐만 아니라 기본적으로 모방의 구조임을 보여 주고 있다"라는 것이다(*GT* 187). 즉, 젠더가 드래그와 같다(혹은 젠더는 드래그다)는 논리는

> "모방"이 *이성애자* 프로젝트와 그 프로젝트의 젠더 이항 대립 원리의 중심에 있다는 것이고, 드래그가 이전의 원본 젠더를 상정한 두 번째 모방이 아니라 헤게모니를 쥐고 있는 이성애 자체가 자신의 이상화를 모방하기 위한 끊임없는 노력이라는 것을 의미한다. (*BTM* 85)

여기서 드래그의 목적을 이해하기 위한 인식 작용 수단은 패러디다. 드래그는 "젠더를 표현하는 모델과 진정한 젠더 정체성의 개념을 둘 다 효과적으로 조롱"(*GT* 186)해서 탈자연화된 젠더 denaturalized gender를 느낄 수 있게 된다. 기본적으로 패러디 개념에는 원본 개념이 동반되지만, "젠더 패러디 개념에는 흉내 내는 주체가 모방하는 원본이 존재한다는 가정은 하지 않는다"(*GT* 188). 같은 말을 반복해 보면 젠더 패러디는 젠더가 모방하는 원본의 정체성이 없는 모방이라는 것을 확인시킨다. 젠더가 모방하는 것은 "원본 자체의 신화"(*GT* 188)로 원본 자체는 보이지 않는 구체화될 수 없는 이

상화된 사회적 허구이다. 여성성, 남성성 자체는 원본이 없는 모방으로 이성애 이데올로기 자체의 이상화를 위한 노력의 결과들인 것이다.

버틀러는 젠더의 수행적 특성을 설명하기 위해 드래그에 대한 이야기를 하고 드래그는 패러디를 통해 의미가 생성된다고 지적한다. 그러나 버틀러는 패러디 개념의 드래그가 기존의 젠더 구조를 전복하는 한 본보기는 아니라고 선을 긋는다. 버틀러의 목적은 전복적인 행위의 모형으로서 드래그를 보여 주려는 것이 아니라 "자연스러워진 젠더에 대한 지식이 선제적 폭력으로 현실을 제약하면서 작동하고 있다는 것을 보여 주려는 것이다"(*GT* xxiv). 그래서 버틀러는 '양면적인 드래그ambivalent drag'라는 기술적 용어를 사용하면서 "드래그와 전복subversion 사이에 필연적인 관계가 있는 것은 아니고", "드래그는 과장된 이성애자 젠더 규범의 탈자연화denaturalization와 재이상화reidealization 모두에 사용될 수 있을 것이다"라고 강조한다(*BTM* 85).

버틀러에 의하면 이성애 문화가 자체의 문화를 위해 만들어낸 영화인 〈빅터/빅토리아Victor/Victoria〉(1959)나 〈투씨Tootsie〉(1982), 〈뜨거운 것이 좋아Some Like It Hot〉(1959)에서 줄리 앤드류스, 더스틴 호프먼, 잭 레먼의 드래그는 "동성애 혐오와 동성애 공포가 극복된 문화 텍스트"(*BTM* 85)로 읽히지만, 전복이 아니라 "퀴어의 침입에 대한 [이성애 문화의] 경계를 유지"해서 "이성애 제도를 강화"하는 재이상화의 효과를 내고 있다(*BTM* 86). 특히 버틀러는 제니 리빙스턴Jennie Livingston 감독의 다큐멘터리 영화인 〈파리는 불타고 있다Paris is

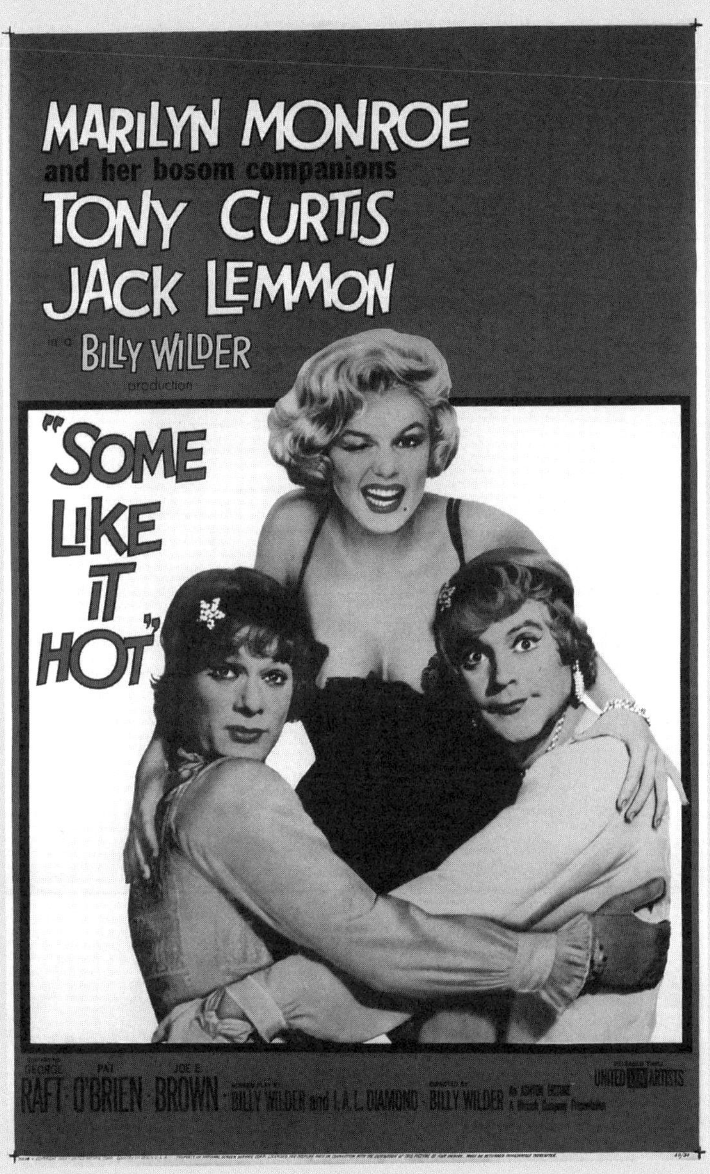

〈뜨거운 것이 좋아〉 영화 포스터

Burning〉(1990)에서 자신의 드래그 논의를 분명히 하고 있다. 영화는 인종, 계급, 젠더의 문제가 어지럽게 얽혀 있는 뉴욕을 배경으로 드래그 콘테스트 참가자들의 공연장 모습과 실생활을 보여 주면서 드래그의 양면성인 젠더의 '탈자연화'와 '재이상화' 개념을 확인시키는데, 버틀러는 참가자들의 삶을 통해 영화가 "억압적인 동성애 혐오 규범을 전용하기도 하고 전복하기도 한다"라고 말한다(*BTM* 87).

공연장에서 참가자들은 경쟁 주제에 따라 주제의 '진짜realness' 모습을 추구하면서 자신이 되고 싶은, 하고 싶은 모든 인물이 될 수 있다. 이런 분위기에서

> 남성이 드래그 퀸을 연기할 때, 확인할 수 있는 것은 젠더 자체의 비확정성이다. 즉, 탈자연화되고 있는 비확정성, 젠더와 성적 억압을 작동시키는 규범성과 원본성의 권리를 의문시하는 비확정성을 확인한다. (*BTM* 87)

이렇듯 작품은 드래그를 통해 헤게모니를 쥐고 있는 기존 젠더 규범의 전복 가능성을 이야기하고 있다. 반면에 완벽한 여성이 되어 한 남자를 만나 이상적인 가정을 만들기를 바라는 드래그 퀸이면서 트랜스젠더인 비너스의 죽음을 통해 "그녀가 연기한, 잘 연기한 젠더와 섹슈얼리티의 탈자연화가 이성애 규범 체계의 재작동 결과가 된 건 아닌가에 대한 질문을 하게 된다"(*BTM* 91). 이성애 규범의 헤게모니가 비너스의 몸을 "*재*자연화"시킨 것이다(*BTM* 91). 즉, 드래그의 목적이나 효과는 잘 이루어졌지만 그 결과는 결국 이성애

규범의 재이상화가 되었다. 바로 이런 이유로 버틀러는 드래그를 전복의 틀로 확대하지는 않는다. 그러나 눈여겨봐야 할 중요한 점은 버틀러가 드래그의 전복성을 관찰자의 몫으로 돌린다는 것이다.

> 드래그가 헤게모니를 쥐고 있는 젠더를 만들어 내는 모방 구조를 염두에 두고 있고 자연스러움과 원본성(독창성)에 대한 이성애의 주장을 반박하는 한 드래그는 전복적이다. (*BTM* 85)

즉, 관찰자는 드래그가 패러디로서 젠더는 모방 구조를 재현한다는 사실을 수용할 수 있는 준비가 되어 있어야 한다. 즉, 관찰자가 "알고 보니 원본도 파생되었다는 사실을 깨달았을 때, [관찰자는] 웃을 수 있다"(*GT* 189). 여기서 관찰자의 웃음이 바로 "패러디적 웃음"이다(*GT* 189). 이렇게 드래그와 패러디의 의미를 알고 있는 관찰자들을 통해 버틀러가 언급한 전복의 가능성도 기대할 수 있다는 해석을 해 보고 싶다.

여기서 드래그와 관련해서 이해영, 이해준 감독의 〈천하장사 마돈나〉의 오동구 이야기를 해 보자. 동구는 전국 고등학교부 씨름대회에서 천하장사가 된 후 드래그 퀸이 되어 무대에서 "라이크 어 버진Like a Virgin"을 부르며 마돈나와 같은 완벽한 여성이 되고자 했던 자신의 꿈을 이룬다. 동구의 아버지도, 동구를 떠난 엄마도 동구의 변화에 든든한 후원자가 될 것이다. 스크린에서 읽을 수 있는 두 감독의 의도는 여기까지인 듯싶다. 그런데 이를 다큐멘터리 영화 〈마돈나: 진실 혹은 대담Madonna: Truth or Dare〉(1991)[12]에서 마돈나의 공연 내용과 함께 분석해 보면 버틀러의 이론과 공유된 메시지를 읽을 수 있다. 이 영화에서는 완벽한 여성으로서의 마돈나보다는 팝 컬처 아이콘이나 게이 아이콘으로 연기를 펼치는 완벽한 퀴어로서의 마돈나를 읽을 수 있기 때문이다. 또한, 영화 속에서는 이성애 규범의 섹스/젠더 개념이 철저히 파괴되면서 섹스, 젠더, 욕망으로 이어지는 인과 관계의 일차원적인 관계가 무시된다. 마돈나는 완벽한 여성으로서의 모습보다는 그 완벽한 여성성의 원본을 허물면서 성 정체성의 유동성과 모호성을 확대해 나간다. 마돈나의 공연 개념이 영화의 제목처럼 젠더 이슈에 있어서 우리가 모르고 있는 어떤 '진실'을 보여 주는 것인지 아니면 단순히 '대담'하게 외설스러운 장면을 보여 주고 싶은 것인지에 따라 논란이 있을 수 있지만, 여기서는 어린 시절부터 립스틱을 칠한 동구가 애창하던 "라이크 어 버진"이 재구성된다. 동서양의 애매하게 혼합된 음악을 배경으로 중동지역의 하렘과 같은 은밀한 방에서 마돈나와 두 명의 백댄서인 신하가 무대 위에 등장해 침대 주위에서 공연의 첫 장면을 연출한다. 두 명의 신하는 성 정체성이 불분명한 모습으로 가슴에 블릿(콘) 브라를 하고 있는데, 마돈나의 공연 장치인 블릿(콘) 브라는 남성의 성기에 대응하는 여성의 가슴을 성기화하는 상징이기도 하다. 마돈나의 육체적 쾌락이 묘사되고 단순한 남/녀 관계의 사랑을 위반하면서 성 정체성의 경계를 흐려 놓는 "라이크 어 버진" 공연 내용을 볼 수 있는 것이다.

또 다른 노래 "너 자신을 드러내Express Yourself"의 공연에서 마돈나는 외알 안경을 쓰고, 남성 정장을 입고, 정장의 가슴 부분은 안에 여성 브라를 노출한 상태에서 아래는 바지 위에 여성 속옷을 입고 공연을 시작한다. 공연 도중에 마돈나는 상의 정장을 벗으며 위는 여성 아래는 남/녀 혼성의 모습을 연출하게 되는데, 이 장면에서 젠더가 패러디라는 사실을 인지하고 있다면, "섹스와 젠더가 생물학이나 정체성이라기보다는 유행과 양식의 분야"라는 것을 확인하게 된다(Schwichtenberg 134). 이 장면은 버틀러가 지적한 젠더의 수행성 개념을 남/녀 의상의 조합이나 성역할의 전도를 통해 부각하면서 성 정체성의 불확정성과 가변성을 보여 주고 있다.

뮤직비디오 "나의 사랑을 합리화해라Justify My Love"에서도 마돈나는 마릴린 먼로가 되기도 하면서 다양한 대상과의 다양한 성행위, 전도된 성역할, 페티시, 남녀 양성체, 크로스 드레싱과 같은 장면들을 통해 에로틱한 환상을 만들어 내는데, 카를라 프레세로Carla Freccero가 지적하는 것처럼 "여기서 이런 에로틱한 장면들을 통해 젠더의 불확정성과 사랑하는 대상의 불확정성이 두드러진다"(47). 그리고 다시 섹스, 젠더, 욕망 사이의 경계를 모호하게 만든다. 뮤직비디오는 "자신의 기쁨이 타인의 결정에 의존한다는 것은 슬픈 일이다"라는 자막과 함께 사라지는데, 이는 진정한 한 개인의 성 정체성이 특정 이데올로기가 강요하는 규범에 따라 억압되고 있다는 메시지를 전달하고 있다. 동구가 꿈꾸던 여성. 여성성은 원본 없는 모방으로 '신화'에 불과하다. 완벽한 여성상이었던 마돈나는 기존의 섹스/젠더 개념을 전복하는 퀴어 아이콘의 상징이 되어 버렸는데, 결국 동구도 새로운 패러다임의 섹스/젠더 질서를 꿈꾸고 있다고 이야기하면 비약일까?

앞에서 젠더가 수행적임을 설명하기 위해 드래그를 이야기하고 드래그의 의도를 이해하기 위한 인식 작용 수단이 패러디라는 설명을 했는데, 버틀러는 "젠더 정체성의 원본 혹은 최초 개념은 드래그나 크로스 드레싱의 문화적 실천"뿐만 아니라 "부치/팜므 정체성의 성적인 양식화"를 통해서도 패러디되고 있다고 지적한다(*GT* 187). 부치/팜므 정체성이 이성애 규범성을 자연스러운 현상으로 견고하게 유지해 온 섹스, 젠더, 욕망의 인과 관계를 파괴해 이성애 규범성을 탈자연화하면서 남성과 여성의 성역할이 이성애 헤게모니의 전유물이 아니라는 사실을 보여 준다는 것이다.

> 남성성, 여성성, 젠더퀴어, 혹은 어떤 종류의 젠더 표현도 어떤 성 정체성에 필연적인 것은 아니다. 여성성은 이성애자 여성만을 위한 것은 아니다.

위 말은 레즈비언인데 너무 여성적인 팜므여서 자주 이성애자 여성으로 오해를 산다는 한 독자의 질문에 싱클레어 섹스스미스Sinclair Sexsmith가 한 대답이다. 이성애를 거부한다는 것을 "문화적 규정으로서 젠더 역할"인 남성성/여성성의 거부를 의미한다고 생각할 수 있는데, 이런 가정은 "젠더 역할의 유일한 목적이 이성 간의 사랑을 통해 얻을 수 있는 결과(성적 끌림, 흥분, 가부장 지배 강화)를 위한 것이다"라고 생각하는 것이다. 섹스스미스는 부치/팜므 역동성이 바로 이 가정을 논박한다고 지적한다. 즉, 이성애를 거부한다는 것이 젠더 역할을 거부한다는 논리로 비약할 수 없고, 젠더와 섹슈얼리티에는 (섹스스미스가 아는 것보다) 많은 조합이 현존한다는 것이다.

리사 촐로덴코Lisa Cholodenko 감독의 〈아이들은 괜찮아요The Kids Are All Right〉(2010)와 마리아 마겐티Maria Maggenti 감독의 〈두 소녀의 용감한 사랑 이야기〉에서 부치/팜므 정체성 이야기를 해 보자. 버틀러는 앞선 논지에서 젠더 정체성의 원본 개념이 부치/팜므 정체성의 성적인 양식화를 통해서도 패러디되고 있다고 지적했다. 이는 이성애 이데올로기에서 남자가 보여 줘야 할 남성성의 젠더 규범을 이성애 규범을 거부하는 여자가 보여 주고, 이성애 이데올로기에서 여자가 보여 줘야 할 여성성의 젠더 규범을 이성애 규범을 거부하는 여자가 보여 주고 있다는 뜻이다. 다시 말해 레즈비언이 부치/팜므 역할을 통해 이성애 규범이 요구하는 남자 역할, 여자 역할을 그대로 할 수 있다는 것이다.

〈아이들은 괜찮아요〉에서 초점이 맞춰진 부분은 '가족'이다. 이성애자 커플의 가족이 아니라, 레즈비언 커플 가족이다. 두 명의 아이들과 아버지와 엄마가 아닌, 두 명의 아이들과 두 명의 엄마로 구성된 가족이다. 닉은 의사로 가정의 경제를 책임지고 있고 줄스는 가정주부다. 딸 조니는 대학을 준비하고 있고, 레이저는 평범한 십 대 소년이다. 남성성이 강한 부치 역할의 닉과 여성성이 강한 팜므 역할의 줄스는 아이들과 함께 '가족'과 '가정'이라는 기존의 제도를 그대로 재현하고 있다. 패러디 개념으로 접근해 보면 생물학적으로 남/녀인 아버지/엄마를 기본으로 해서 이루어진 가족과 가정의 개념을 이성애를 거부하는 레즈비언 커플이 실천하고 있는 것이다. 영화에서 흥미로운 부분은 이 레즈비언 커플 가정의 편안한 분위기가 두 아이의 생물학적인 아버지 폴에 의해 위기를 맞게 되는 대목이다. 아이들에게 자상하기도 하고 오토바이를 타고 다니며 남성미를 풍기기도 하는 폴은 닉과 줄스가 유지해 온 이런저런 가정의 질서를 파괴하고 급기야 폴은 줄스와 잠자리를 함께하면서 행복했던 가정이 위기를 맞게 된다. 그러나 네 명의 가족은 서로에 대한 용서와 이해로 위기를 벗어나면서 이성애자 아버지를 가족과 가정을 파괴하는 '침입자'로 거부하고 모든 상황은 과거의 편안한 상황으로 돌아가게 된다. 여기서 남자/여자가 해야만 하는 아버지/엄마의 젠더 역할에 버틀러의 패러디적 웃음을 기대해 볼 수도 있겠다.

〈두 소녀의 용감한 사랑 이야기〉에서는 여성이 남성이 아닌 여성을 사랑하면서 이성애 규범이 요구하는 섹스, 젠더, 욕망 사이의 인과 관계가 전복되는데, 영화는 여성이 남성을 사랑하듯이 여성이 여성을 사랑할 수 있다는 주제를 담고 있다. 먼저 랜디는 부모가 아닌 친척(고모인 듯함) 레베카와 살고 있다. 레베카는 레즈비언으로 여자 친구 빅키와 함께 지내고 있다. 레베카도 랜디와 마찬가지로 남성성이 두드러져 보인다. 고등학교 졸업을 앞둔 랜디는 모르고 지내던 학교 친구 이비와 가까워지는데, 여기서 인종, 계급, 젠더 문제가 복합적으로 다루어지고 있다. 백인인 랜디와 흑인인 이비. 주유소에서 일하는 랜디와 SUV를 타고 다니는 이비. 낙제 과목으로 졸업이 힘든 상황에 있는 랜디와 대학에 가게 될 이비. 록 음악을 좋아하는 랜디와 오페라를 좋아하는 이비. 떠나 버린 랜디의 엄마와 헌신적인 이비의 엄마. 인종, 계급, 취미 모두 대조를 이루지만 이비는 자신의 남자 친구보다 더 남성적인 랜디에게 성적인 욕망을 느끼고, 랜디는 이비가 빌려준 월트 휘트먼Walt Whitman의 『풀잎*Leaves of Grass*』을 재미있게 읽는다. 랜디와 이비가 둘 사이의 인종과 계급 문제를 잘 극복하는 것처럼 그 둘은 자신들의 젠더 정체성에 대한 주위의 시선을 잘 헤쳐 나갈 텐데, 랜디와 이비를 통해서 섹스스미스가 언급한 젠더와 섹슈얼리티에는 많은 조합이 현존한다는 실례를 볼 수 있고, 그 실례가 이성애 성역할의 패러디로 작동될 수 있음을 확인할 수 있다. 랜디의 경우 여성으로 남성성의 젠더 표현을 하며 여성에 대한 성적 욕망이 있고, 반면에 이비는 여성으로 여성성의 젠더 표현을 하며 여성에 대한 성적 욕망이 있다. 여기서 이성애 규범이 요구하는 섹스, 젠더, 욕망의 인과 관계가 파괴되고, 성역할은 이성애 규범만의 전용이 아니라는 젠더의 가능성을 볼 수 있다. 드래그 퀸의 목적이 여성성의 환상을 파괴하는 것이라면, 부치/팜므는 남성성과 여성성의 환상을 동시에 파괴하고 있다.

3. 섹스는 젠더

버틀러의 보부아르 읽기로 다시 돌아가 보자. 보부아르에게 젠더는 섹스의 결과, 즉 섹스는 젠더의 원인이 아니다. 보부아르에게 인간이란 '섹스화된 존재'이며, 섹스는 불변의 사실로 변할 수 없다. 반면에 인간은 어떤 누구도 젠더를 가지고 태어나는 것이 아니라 젠더는 항상 획득되는 것이다. 버틀러에 따르면 보부아르가 의도하지는 않았지만 보부아르의 이론에는 급진적인 결론이 있을 수

있다. 즉, 섹스와 젠더가 분리된다면,

> "여자"는 여성 몸의 문화적 구조가 될 필요가 없고, "남자"는 남성 몸을 연기할 필요가 없다. 섹스/젠더 분리의 이 급진적인 공식은 섹스화된 몸들은 많은 다양한 젠더의 원인이 될 수 있고, 심지어 젠더 자체가 두 종류에 제한될 필요가 없다는 것을 시사한다. 만일 섹스가 젠더를 제한하지 않는다면… [젠더]는 두 범주의 섹스에 의해 제한받지 않는다. (*GT* 152)

인간이 된다는 것은 섹스화가 된다는 것으로, 이 둘 사이의 관계는 '동시적'이다. 그리고 성차sexual difference는 인간에게 너무나 자연스럽고 당연한 현상이다. 그런데 섹스와 젠더가 구분되면 섹스화된 몸과 사회/문화적으로 형성된 젠더의 연결 고리가 끊어지게 되고 젠더는 "자유롭게 움직이는 도구"가 된다(*GT* 9). 이 말은 "남자와 남성성이 남성의 몸을 의미하는 것처럼 한 여성의 몸을 의미할 수도 있고, 여자와 여성성이 여성의 몸을 의미하는 것처럼 남성의 몸을 나타낼 수 있다"라는 것이다(*GT* 9). 보부아르를 버틀러의 논리로 간단하게 정리해 보면, "여자가 된 사람이 반드시 여성일 필요가 없다"라는 것이다(*GT* 11).

보부아르의 섹스/젠더 분리를 넘어 버틀러는 모니크의 '섹스는 정치적 범주'라는 주장에도 동의하고 있다. 모니크는 "섹스 범주는 불변도 자연스러운 것도 아니고, 번식의 섹슈얼리티라는 목적을 만족시키는 본성이라는 범주로 특별하게 정치적으로 이용되고

모니크 위티그(1985)
(Author: Succession littéraire de Monique Wittig, 출처: 위키피디아)

있다"라고 주장하는데, 이는 섹스의 남/녀 이분법이 오직 "이성애의 경제적 필요에 적합"할 뿐이지, "인간의 몸을 남/녀 두 섹스로 분류할 이유가 없다"라는 것이다(*GT* 153). 버틀러도 "겉으로 보기에 자연스러운 사실 같은 섹스가 어떤 정치적 그리고 사회적 이익에 이용되면서 다양한 과학적 담론에 따라 질서 없이 만들어진 건 아닌가?"(*GT* 9)와 같은 여러 질문을 하는데, 버틀러는 "섹스 범주와 이성애주의의 자연스러워진 제도는 *구조물*로서, 사회적으로 설치되고 사회적으로 규제된 환상 혹은 '집착'으로 *자연스러운* 범주가 아니라 *정치적*이다"라고 주장한다(*GT* 172). 그러고는 섹스도 젠더와 같은 정치적 배경이 있는 문화적 형성체라는 논리를 펼치면서 섹스와 젠더 사이의 구분이 필요 없다는 "[섹스]는 항상 이미 젠더였다"라는 주장을 한다(*GT* 9). 버틀러는 인터뷰에서 『젠더 트러블』이 "섹스는 없고, 오직 젠더뿐이다"(32)라는 비평을 받고 있다고 말하는데, 사실 버틀러는 젠더를 통해 섹스와 몸에 접근하고 있다.

> 젠더 규범의 오랜 작용이 "자연스러운 섹스"나 "진짜 여자" 혹은 만연된 강제적인 사회적 허구들을 만들어 내고, 이런 긴 시간이 구체화된 형태에 있어서 두 범주로 분류된 섹스를 몸의 자연스러운 형태처럼 보이게 하는 일정한 육체적 양식을 만들어 낸다는 것을 생각해 보십시오. (*GT* 191)

버틀러는 섹스가 젠더에 앞선다는 논리를 거부하고 오히려 젠더가 섹스의 원인이 된다는 주장을 이어간다. 여기서 버틀러에게 중요한 것은 모야 로이드가 지적하는 것처럼, "섹스와 젠더 모두 이성애 규범 틀 내에서 만들어지고 있는데, 둘 다 이성애 규범의 결과물들이다"라는 것이다(42). 그렇다면 섹스/젠더와 관련된 이성애 규범의 한계에는 어떤 것들이 있는지 살펴보자.

베스터 크램Bestor Cram 감독의 다큐멘터리 영화 〈여러분은 모를 겁니다You Don't Know Dick: Courageous Hearts of Transsexual Men〉(1997)에서는 여러 주제에 따라 여섯 명의 트랜스젠더 남성들이 등장한다. 그들은 어린 시절부터 지금까지 여성에서 '남성 되기'로의 긴 여행에 대한 자신들의 다양한 이야기를 들려준다. 어린 시절과 사춘기 시절에 이들을 불편하게 만들었던 사실은 자신의 몸이 내 것이 아니라는 느낌이었다. 이들은 남성 성기의 부재와 더불어 사춘기 이차

성징 시기에 몸에 변화가 생기면서 자신의 몸에 배신감을 느끼기도 한다. 그리고 현재는 성전환 수술이나 호르몬 처방을 통해 남성의 몸으로 살아가고 있다. 테드, 마이클, 제임스, 맥스, 스테판, 로렌은 출생 시 이성애 규범의 성 이분법에 따라 여성 아니면 남성이 돼야만 했는데, 단지 성기의 모양에 의해 (자신들의 의지와는 상관없이) 여성의 성이 배정되었다. 그러나 이들은 여성의 몸을 받아들이지 않았다. 맥스는 다른 여성, '다이크'나 '부치'의 삶을 생각했으나 역시 여성이었다고 한다. 그런데 좀 더 복잡해지는 것은 테드는 "나는 젠더를 바꾸진 않았다"라고 말한다. 로렌과 이사벨라의 관계를 보면, 이사벨라는 부치 여성을 찾고 있었고 레즈비언 파티에서 로렌을 만났는데 로렌이 기대 이상으로 남성적이었다고 한다. 로렌은 가슴은 없고 여성 성기를 유지한다. 마이클의 딸은 이제 자신은 엄마가 없다고 한다. 이성애 규범의 섹스/젠더 개념으로는 출연자들의 몸을 이해할 수 없다. 이성애 규범이 요구하는 섹스, 젠더, 욕망의 의무적 연결 관계를 파괴했기 때문이다. 이런 인과 관계 파괴의 논리를 뒷받침해 주는 변으로 정확한 모양과 크기의 남성 성기가 한 사람을 남성으로 만들지는 않는다는 제임스의 지적은 몸을 단순히 규범에 따라 이분법으로 분류하는 작업이 무의미함을 의미한다.

닐 조단Neil Jordan 감독의 〈크라잉 게임The Crying Game〉(1992)과 데이비드 크로넌버그David Cronenberg 감독의 〈M. 버터플라이M. Butterfly〉(1993)에서 딜과 송의 남성 성기를 확인하기까지 퍼거스와 갈리마르에게 딜과 송의 몸은 여성이었다. 퍼거스가 딜에게 자신의 머리 정리를 부탁한 순간부터 딜과 키스하고, 무대 위에서 노래하는 딜을 보고, 꽃을 건네고, 딜에게 자신의 몸을 맡겼을 때까지 딜은 퍼거스에게 여성이었다. 갈리마르는 자신의 아기를 임신해서 출산했다고 믿고 있었을 정도로 송을 '완벽한 여성'이라 생각했고, 갈리마르 자신도 여성의 몸인 마담 버터플라이가 되기도 한다. 권력에 의해 여성이 되어 갈리마르로부터 정보를 확보해야 하는 송이 정치적으로 이용당할 때 송의 몸/젠더도 정치화된 것이다. 이렇듯 영화는 몸의 불명확함, 불확정성, 가변성을 이야기하며, 남/녀를 구분하는 데 몸이 과연 어느 정도까지 유용할 수 있겠냐는 질문을 유도하고 있다. 〈크라잉 게임〉에서 포로가 된 조디는 퍼거스에게 자신의 성기를 "단지 한 조각의 살점에 불과하지"라고 말하는데, 〈여러분은 모를 겁니다〉의 제임스와 마찬가지로 그는 생물학적/해부학적인 성기의 의미를 제거해 버린다. 〈크라잉 게임〉에서는 흑인과 백인, 아일랜드와 영국, 〈M. 버터플라이〉에서는 백인과 아시아인, 프랑스와 중국의 이항 대립을 배경으로 인종과 문화, 정치가 혼합되면서 젠더와 몸의 남/녀 이분법 경계도 흐려지고 있다.

〈헤드윅Hedwig and the Angry Inch〉(2001)에서도 존 카메론 미첼John Cameron Mitchell 감독은 섹스와 젠더의 남/녀 이분법적 분류에 근거한 몸에 대한 기존의 관점을 전복하고 있다. 영화 속 노래 "화가 난 일 인치Angry Inch"에서 록 뮤지션 헤드윅이 이야기해 주는 "상처가 있는 일 인치의 살점"은 헤드윅의 성 정체성이다. 한셀은 미국인 군인과 결혼해 동독을 탈출하기 위해 엄마의 여권으로 여성인 헤드윅이 되면서 육체적으로도 여성이 돼야 했기에 성전환 수술을 받는다. 하지만 수술의 실패로 남자도 여자도 아닌 "화가 난 일 인치"로 살아간다. “나를 무너뜨려라Tear Me Down”에서 헤드윅은 “나는 새로운 베를린 장벽. 나를 무너뜨려라. … 헤드윅은 네 앞 가운데 서 있는 그 장벽과 같지. 동쪽과 서쪽 사이, 구속과 자유 사이, 남자와 여자 사이, 위와 아래 사이”라고 외치는데, 그는 자신을 파괴돼야 할 베를린 장벽에 비유하고 있다. 두 이데올로기가 정치적으로 장벽에 의해 이분화됐듯이, 자신의 몸에 있는 남/녀 두 성의 이분화도 정치적 결과이며 파괴돼야 한다는 메시지이다.

생물학적으로 여성이 되려 했으나 해부학적으로 남성도 여성도 아닌 몸, 다른 말로 표현해 보면 양성의 몸이 되면서 헤드윅은 섹스와 젠더의 이분법적 논리에 도전하게 된다. 헤드윅은 “사랑의 기원The Origin of Love”13에서 이야기한 자신의 또 다른 반쪽을 발견한 듯 하나가 된 동그란 문신을 오른쪽 허리에 새기고 나체로 골목을 따라 도시를 향해 걷고 있는데, 이 모습을 어떻게 읽어야 할까? 헤드윅 역을 맡았던 미첼은 헤드윅의 정체성에 대해 다음과 같이 말한다.

> 결국 그/녀[헤드윅]는 자신이 남/녀 혼성체라는 사실을 받아들였다. … 헤드윅은 나체로 완성체가 되어 세상으로 걸어간다. 왜냐하면 그/녀[헤드윅]는 그/녀 자신을 반은 남성 혹은 반은 여성으로 생각하지 않고 양성 모두 다로 생각하기 때문이다. 좋은 생각이다. 내가 생각하기에 결국 가장 바람직한 것은 양성이 되는 것이다. (Henry 73)

헤드윅은 남자도 여자도 아닌 둘 모두일 수도 있는 자신의 몸이 완전하다고 결론 내리고 세상에 자신의 모습을 그대로 보여 주는 것이다. 이는 트랜스젠더나 양성애 이야기가 아니다. 정치화된 몸의 남/녀 구분이 의미가 없다는 것이다. 매튜 헨리Matthew Henry도 영화의 마지막 장면이 헤드윅이 해부학적으로 불명확한 상태임을 보여 준다고 해석하면서 헤드윅은 우리가 "섹스의 경계를 정하고 젠더를 표현하기 위해 섹스를 사용하는 방식을 재개념화할 것을 요구한다"라고 논지를 정리한다(74).

4. 젠더, 섹스, 몸의 새로운 가능성

버틀러가 『젠더 트러블』에서 원래 의도한 논점은 페미니즘 울타리 안에서의 강제적 이성애에 대한 비판이다. 버틀러는 페미니스트들이 만들어 내려고 하는 어떤 확고한 여성 정체성의 필요성에 의문을 제기하면서 정체성 범주에 대해 비평한다. 그리고 섹스, 젠더, 섹슈얼리티가 강요된 문화적 허구라는 논의를 끌어내면서 퀴어 비평의 지평을 열게 된다. 그러면 버틀러가 말하는 남성 헤게모니를 강화하고 비이성애자에 대한 차별을 정당화하는, 자연스럽게 구체화된 개념인 젠더의 전복과 새로운 가능성에는 어떻게 접근해야 할까? 이와 더불어 남/녀로 이분화된 몸의 한계와 가능성은 무엇인가?

앞서 규범으로서의 젠더가 강요되고 있다는 사실을 지적하면서, 버틀러가 주장하는 젠더의 수행적 특성을 이야기했다. 젠더가 수행적이라면, 어떤 행동이나 속성을 평가하게 될 절대적 개념의 정체성은 없다는 이야기다. 진정한 젠더 정체성이 있다는 가정이 이데올로기 유지에 필요한 통제나 규제를 위한 허구로 작용할 수 있다는 이야기도 했다. 따라서 우리는 젠더를 이야기할 때 그에 따른 역할이나 행동의 잘잘못을 논할 수 없게 된다. 이 말은 "행동 뒤에 어떤 특정한 행위자가 있을 필요가 없고, 행위자는 행위 안에서 그리고 행위를 통해서 다양하게 구성될 수 있다"라는 논리를 유도해 낸다(*GT* 195).

버틀러는 이성애 이데올로기의 젠더 체계를 패러디하고 젠더의 수행적 특성을 이해하기 위해 드래그와 크로스 드레싱의 '문화적 실천'과 더불어 '부치/팜므 정체성의 성적인 양식화'를 언급했다. 이는 젠더, 섹스, 섹슈얼리티를 논할 때 강제적 이성애의 결과로 자연스러워진 남/녀 개념의 한계를 극복하고 나아가 이성애 이데올로기를 전복하기 위한 버틀러의 노력이다. 바로 여기서 새로운 젠더의 가능성을 볼 수 있다. 어떤 젠더 정체성은 '문화적 수용 범위'의 규범에 적응하는 데 실패하게 되는데, 이러한 젠더 정체성이 존속해야 수용 범위 영역의 한계와 규제의 목적을 드러낼 수 있다고 버틀러는 역설한다. 계속되는 '수용 불가능한 젠더'의 가시성과 노출로 젠더 전복과 이에 따르는 새로운 가능성의 기회를 기대할 수 있다는 것이다.[14]

버틀러는 섹스도 젠더와 마찬가지로 이성애 이데올로기의 정치적 산물이라는 논지를 펼쳤는데, 버틀러의 몸에 관한 이야기를 정리해 보자. 미국 영화배우 안젤리나 졸리Angelina Jolie는 자신의 엄

안젤리나 졸리(2004)
(Author: Stefan Servos, 출처: 위키피디아)

마와 할머니가 겪었던 질병을 예방하기 위해 가슴과 자궁 절제 수술을 받았다. 여자의 조건, 여성이라는 성을 결정하는 데 중요한 역할을 하는 몸의 두 부분이 없어진 것이다. 그렇다면 그 신체를 '완전한' 여성의 몸이라 할 수 있을까? 단순하게 생각해서 임신할 수 없고, 수유할 수 없다고 해서 여자가 아니라면 그 사람은 남자일까?

몸을 섹스화할 때, 즉 두 형태의 섹스 구조로 몸을 범주화하여 남/녀로 성을 구분할 때, 염색체, 생식선, 외부 성기 모양, 호르몬 등은 성 결정의 판단 요인이 된다. 그리고 일반적으로 임신을 할 수 있는 몸이 여성이 될 것이다. 버틀러는 인터뷰에서 왜 임신 기능이 몸을 구분하는 기준이 되는지를 질문하면서, "이것은 생물학적인 제약에 대한 중립적 기술이 아니라 규범의 부과가 된다"라고 역설한다(Interview 33). 그래서 생물학적인 이유든 혹은 어떤 사회적인 이유로 임신을 못 하거나 임신을 거부하게 되면 그 여성은 사회 규범의 압박을 직면해야 한다. 아이를 기르고는 싶어도 출산을 원하지 않을 수 있고, 육아와 출산 모두를 원치 않을 수도 있다. 어떤 경우든 사회의 부정적인 시선을 감수해야 한다. '출산이라는 사회제도'

가 젠더 개념에 가장 중요한 부분으로 여겨지기 때문이다.

생물학적으로 XX 염색체는 여성을 의미하고, XY 염색체는 남성을 의미한다. 그러나 XX와 XY에 절대적 의미가 있는 것은 아니다.[15]

> 오늘날 "남성" 그리고 "여성"으로 간주하게 만드는 많은 요소가 항상 정확하게 일치하지 않는다는 것을 우리는 알고 있다. 한쪽에는 난소, 질, 에스트로겐, 여성 젠더 정체성, 그리고 여성적인 행동을 전부 갖추고 있는 완벽한 XX 염색체가 있고, 다른 쪽에는 고환, 성기, 테스토스테론, 남성 젠더 정체성, 그리고 남성적인 행동을 전부 갖추고 있는 완벽한 XY 염색체가 있다. XY 염색체의 소유자가 일반적인 여성이 될 수 있는 것처럼, 해부학적, 생리학적, 그리고 심리학적 관점에서 XX 염색체의 소유자가 남성이 될 수도 있다. (Henig 51)

에이드리언 리치Adrienne Rich는 "레즈비언 연속체Lesbian Continuum"를 설명했는데, 위 문장은 바로 그와 같은 '연속체' 개념을 이야기하고 있다. 퍼터 박사Dr. Frank N. Furter를 만들어 낸 뮤지컬 '록키 호러 쇼The Rocky Horror Show'의 작가이면서 영화 버전 〈록키 호러 픽쳐 쇼The Rocky Horror Picture Show〉(1975)에서 리프 라프 역을 맡았던 리처드 오브라이언Richard O'Brien은 "우리는 남성과 여성 사이의 연속체 위에 있다고 나는 믿는다. 철저한 남성과 여성이 있지만, 우리의 대부분은 연속체 어딘가에 있다. 나는 나 자신이 70%는 남자이고

리처드 오브라이언
(Author: Stuart Mentiply, 출처: 위키피디아)

30%는 여자라고 생각한다"라고 말한다. 두 범주로 구분된 남/녀 섹스는 없다고 지적하는 멜리사 하인즈Melissa Hines도 "젠더 이분법은 없고 젠더의 범위가 있다고 생각한다. 젠더의 넓은 범위가 있고 각 개인은 그들이 각자의 범위에서 얼마만큼의 남성성 혹은 얼마만큼의 여성성을 가졌는지에 따라 다른 위치에 있을 수 있다"라고 강조하면서 연속체 개념을 이야기한다.

앞서 논의했듯이 버틀러도 "섹스의 분류는 강제적 유성생식 장치를 통해 작동되는 강제적 이성애 제도에 속한다"(*GT* 150)라고 주장하는데, 이는 이성애 이데올로기에서 각각 이분화된 체제로 작동되는 섹스, 젠더, 섹슈얼리티 개념이 의미가 없다는 이야기다. 버틀러는 테일러에게 〈성찰하는 삶〉에서 신체장애와 젠더 이슈가 만나는 지점이 있는데, 이 부분이 "몸이 무엇을 할 수 있는가?"를 다시 생각하게 한다고 말한다. 신체장애가 있는 테일러가 두 다리가 아니라 휠체어를 이용해 산책하고 손이 아니라 입으로 커피 잔을 옮기는 것처럼 "몸은 무엇을 해야 한다"라는 강제적, 의무적 당위성이 아니라, "몸이 무엇을 할 수 있을까?"와 같은 질문으로 몸의 다양한 가능성을 열어 놓아야 한다는 지적이다.

이 장에서는 이성애 이데올로기 규범에 따라 작동하고 있는 섹스, 젠더, 섹슈얼리티 범위의 한계를 극복하고 새로운 가능성을 열어 보려는 노력을 버틀러의 이론과 영화 분석을 통해 살펴보았다. '전복'을 논하면서 관찰자의 임무도 언급했는데, 전복을 위해서는 문화적 수용 범위의 한계가 확장되어야 하고 확장을 위해서는 권력의 상징인 법이 수반되어야 한다. 버틀러의 주장으로 결론을 내려 보면, "만일 전복이 가능하다면, 법 자체로부터 시작되는 전복일 것이다. 법이 자체의 모순을 해결할 때 나타나는 가능성을 통해서 말이다. … 그렇게 되면 문화적 구성체인 몸은 과거의 '자연스러움'이 … 아니라 문화적 가능성의 열린 미래로 해방될 것이다"(*GT* 127).

인용 및 참고 자료

Butler, Judith. *Bodies That Matter*. New York: Routledge, 2011.

___________. *Gender Trouble: Feminism and the Subversion of Identity*. New York: Routledge, 2006.

___________. "Gender as performance: an interview with Judith Butler." *Radical Philosophy* 67(1994): 32-39.

___________. "Short Speech on Gender." 〈http://www.youtube.com/watch?v=Olc0hCY4lzI〉.

Freccero, Carla. *Popular Culture: An Introduction*. New York: New York UP, 1999.

Henig, Robin Marantz. "Rethinking Gender." *National Geographic* January 2017 Special Issue, 49-83.

Henry, Matthew. "A One-Inch Mound of Flesh: Troubling Queer Identity in *Hedwig and the Angry Inch*." *The Journal of American Culture* 39.1(2016): 64-77.

Hines, Melissa. "Richard O'Brien: 'I'm 70% man'." By Jo Fidgen. BBC News Magazine 18 March 2013. Web. 17 March 2017. 〈http://www.bbc.com/news/magazine-21788238〉.

Lloyd, Moya. *Judith Butler: From Norms to Politics*. Cambridge: Polity, 2007.

Newton, Esther. *Mother Camp: Female Impersonators in America*. Chicago: U of Chicago P, 1979.

O'Brien, Richard. "Richard O'Brien: 'I'm 70% man'." By Jo Fidgen. BBC News Magazine 18 March 2013. Web. 6 December 2016. 〈http://www.bbc.com/news/magazine-21788238〉.

Schwictenberg, Cathy. "Madonna's Postmodern Feminism: Bringing Margins to theCenter." *The Madonna Connection: Representational Politics, SubculturalIdentities, and Cultural Theory*. Ed. Cathy Schwictenberg. Boulder: Westview, 1993. 129-45.

Sexsmith, Sinclair. "Femme Invisibility & Beyond." Sugarbutch January 15, 2012. Web. 9 May 2017. 〈http://www.sugarbutch.net/2012/01/femme-invisibility-beyond/〉.

4장

게이에서 퀴어로

○

"너는 게이다" 혹은 "너는 레즈비언이다"는 이론적으로 맞는 말이지만,

"너는 퀴어다"는 이론적으로 틀린 말이다.

1. 게이와 퀴어 논쟁

스톤월 항쟁이 발생했던 뉴욕시의 그리니치 빌리지에서 1991년에 '퀴어Queer' 용어에 대한 한 포럼이 있었다. 퀴어에 반대하는 한 중년의 참가자는 "우리는 20년 동안 '게이'의 인권을 위해 투쟁해 왔고 결과는 완벽한 성공이었다"라고 주장하며 "'퀴어'는 사회가 우리를 경멸하기 위해 사용한 단어이기 때문에 나는 '퀴어'를 받아들일 수 없다"라는 견해를 밝힌다. 또 다른 중년의 참가자는 "나는 너무 나이가 많아 퀴어가 될 수 없다"라는 견해를 밝힌다.

반면에 퀴어를 지지하면서 '게이' 용어에 부정적인 태도를 보이는 퀴어 네이션Queer Nation의 한 회원은 "'퀴어'는 운동가 정신을 의미한다. '게이'는 백인, 중산층 동화주의자로서 동성애자를 의미한

다"라는 의견을 개진하고, 또 다른 회원은 "퀴어는 1970년도에 일어났던 적극적 행동주의의 정신인 힘의 재탄생을 의미하며, 퀴어는 더 새롭고, 더 진보적인 세대이다"라고 주장한다(Stanley). '퀴어'는 호전적인 젊은 세대가 자부심을 품고 사회 질서에 저항하기 위해 사용하기 시작했는데 결국은 퀴어의 경멸적인 의미를 기억하고 있는 많은 기성세대 구성원들을 고립시키면서 퀴어가 게이 커뮤니티의 분열을 조장하고 있다는 것이 현장의 분위기다. 이 포럼은 '퀴어'에 대한 성 소수자들의 세대 간 정치적, 정서적 입장의 차이를 확인할 수 있는 자리였다.

단어의 태생과 성장 과정에서 모호성을 유지해 온 '퀴어'가 연구의 한 분야로 자리매김하고 진화하면서 퀴어와 레즈비언/게이 이론 사이의 범위와 목적에 있어 논쟁이 있어 왔다. 퀴어라는 용어의 정의에 대한 불분명함으로 '퀴어'를 접하는 성 소수자들뿐만 아니라 이를 지켜보는 이성애자들까지 혼란스러워하기도 한다. 이는 어떤 특정한 성 취향의 정체성을 가진 사람을 지칭하는 명사로서의 퀴어의 의미가 그러한 정체성을 해체하는 반정체성을 주장하는 비평의 용어로 사용되면서 발생한 혼란이다. 동성애자로서의 정체성을 확신하고 있는 게이나 레즈비언들은 오랜 시간 동안 이성애주의와 동성애 혐오의 이데올로기를 경험하면서 힘들게 획득한 자신들의 문화적 가시성이나 법적인 지위, 정치적 기반이 붕괴될까 염려하기도 한다. '퀴어'라는 용어가 이론을 위한 전문 용어로 진화되면서 이와 대조를 이루는 다분히 정체성 정치학에 기반을 둔 원래 속어로서의 의미와 함께 사용되며 공존하기 때문이다.

‘정체성identity’과 ‘반정체성anti-identity’이라는 대립 개념의 용어로 퀴어의 이론으로서의 의미를 일단 기술했지만 퀴어에 대한 논의는 아직도 진행 중이며 어쩌면 정의가 불가능한 이런 진행 상황이 퀴어의 진정한 가치일 수도 있다. 본 글에서는 비평가들의 퀴어에 대한 다양한 의견을 통해, 특히 퀴어의 반정체성 개념에 대한 의견을 중심으로 이론으로서 퀴어의 개념을 확인하면서 1981년에 초연된 하비 피어스타인Harvey Fierstein의 『토치 송 삼부작*Torch Song Trilogy*』과 1979년에 초연된 카릴 처칠Caryl Churchill의 『클라우드 나인*Cloud 9*』의 분석을 통해 게이극과 퀴어극에 나타난 주요 차이점을 확인해 보도록 하겠다.[16]

2. 게이와 퀴어의 정치적 견해 차이

‘퀴어’를 비(반)스트레이트 문화의 산물과 수용의 모든 범주를 표현하는 유연한 공간으로 정의하고 있는 알렉산더 도티Alexander Doty는 ‘퀴어’를 ‘레즈비언’이나 ‘게이’ 혹은 ‘양성애자’와는 다른 범주로 구분하지만 ‘레즈비언’이나 ‘게이’ 혹은 ‘양성애자’가 ‘퀴어’가 아니라고는 말하지 않는다. 이는 그들이 자신들만의 특별한 역사적, 문화적, 개인적인 의미를 지니고 있지만, 이들의 문화, 역사, 이론과 정치학이 퀴어의 형성과 관련돼 있기 때문이다(xvii). 이러한 관련에도 불구하고 도티는 ‘퀴어’를 ‘레즈비언’이나 ‘게이’ 혹은 ‘양성애자’를 포함하는 포괄적 용어an umbrella term로 사용하는 논의에는 반대한다.

정확하지는 않지만 1990년대 초부터 나타나기 시작한 퀴어 이론과 1960년대 말 스톤월 항쟁 이후 본격화된 게이 해방운동Gay Liberation의 정치적, 이론적 기반이 된 레즈비언/게이 이론 사이의 관계를 정리하기 위해 일부 학자들은 포괄적 용어로서 퀴어를 사용하면서 레즈비언/게이 이론을 퀴어 이론에 포함시키기도 한다. 샐리 오드리스콜Sally O'Driscoll의 주장에 따르면 이러한 접근은 "규범적 성 범주에 대한 위반의 학문the study of transgressions of normative sexual categories"으로서 퀴어 이론에 초점을 맞추게 되고 레즈비언/게이 성 취향은 규범적 이성애heterosexuality에 거스르는 위반의 개념으로 접근될 수 있어 동성애homosexuality를 퀴어와 동일한 이론이나 정서로 인식할 수 있다. 오드리스콜은 계속해서 포괄적인 용어로서의 퀴어 사용을 거부하는 마이클 워너Michael Warner, 로렌 버랜트Lauren Berlant, 주디스 버틀러Judith Butler, 리사 더건Lisa Duggan, 크리스 스트라이어Chris Straayer를 인용하는데 스트라이어는 현대 성 정치학에서 '퀴어'는 레즈비언과 게이들보다 더 넓은 범주의 집단, 즉 양성애자bisexuals와 트랜스 섹슈얼transsexuals 그리고 복장도착자transvestites, 사디스트와 마조히스트S & M enthusiasts, 페티시스트fetishists 등 다양한 비스트레이트 이성애자들non-straight heterosexuals을 포함한다고 주장한다. 그러나 스트라이어는 퀴어의 범주가 반드시 레즈비언과 게이를 포함할 필요가 없다는 논지를 강조한다. 버틀러도 성 소수자들sexual minorities의 경계 확장과 연합의 취지가 레즈비언과 게이를 대신할 수 없다고 주장한다(32).

레즈비언/게이 이론과 연구 범위를 퀴어 이론에 포함시키는 접근 방식에 있어서 부정적인 견해를 보이는 비평가들의 논지를 정리해 보면, 성 소수자들의 경계가 확장되면서 기존의 레즈비언/게이의 정치적 입장과 퀴어 이론이 교환될 수 없고 '퀴어'의 다의성을 '레즈비언/게이'가 만족시킬 수 없다는 것이다. 즉 레즈비언/게이 연구를 퀴어에 포함시키는 접근은 둘 사이 관계의 명확성을 피하고 있다는 결론이다.

이처럼 레즈비언/게이 연구를 퀴어 이론에 포함시키는 접근이 두 영역 사이의 명확성을 피하고 있다는 비평을 견지하면서 관계의 명확성을 위해 여러 비평가의 두 영역의 용어에 대한 정의와 연구 배경 및 범위를 정리해 보자. 먼저 존 클럼John Clum은 '게이'와 '퀴어'를 별개의 정치적 용어로 구분하고 있다.

> 게이와 퀴어는 다른 정치적 용어들이다. 게이는 1940년대 미국에서 억압의 시기에 한 암호로서 동성애자들 사이에서 일반적인 용어가 됐다. 스톤월 항쟁 이후 그리고 게이 해방운동을 통해 게이는 동성애자를 위한 긍정적인 용어가 됐다. 퀴어는 동성애자를 경멸하기 위한 용어로 시작했다. 그러나 1980년대에 일부 급진적인 동성애자들이 일반적인 성 규범에 반대하고 있던 단체나 개인들을 나타내기 위해 그 단어를 재구성했다. 게이는 결혼과 같은 제도를 통해 사회에 동화할 것을 믿고 있지만 퀴어는 한 개인의 차이가 찬양되고 사회가 더 많은 차이를 인정해야 할 것을 믿는다.[17]

클럼은 '게이'와 '퀴어' 두 용어의 차용 배경을 의미론적으로 설명하면서 게이의 '동화' 개념에 방점을 찍고 있다. 클럼은 또 다른 개념 정의를 통해 '게이'는 자기 자신의 성과 같은 사람에게 자신의 욕망을 공개적으로 밝힌 사람을 의미하고, '퀴어'는 좀 더 복잡하고, 좀 더 정치 논쟁을 불러일으키는 함축적 의미를 지니며, 차이를 부각하고, 고정된 본질stable essence보다는 수행성performativity을 강조하고 소수를 찬양한다고 정의한다(Clum 263). 즉 그는 퀴어의 '수행성'을 강조하고 있다.

클럼이 강조하는 두 개념 '동화'와 '수행성'은 이브 코소프스키 세지윅Eve Kosofsky Sedgwick과 리 시겔Lee Siegel, 버틀러를 통해서도 확인할 수 있는데 세지윅에 따르면 게이와 레즈비언은 여전히 자신들을, 증명할 수 있는 경험적인 법칙에 의한 객관적인 범주로서 설정하고 있고 퀴어는 실험적인 자기 인식과 인지로서 한 개인이 철저히 시도하고 있는 특별한 수행적인 행위performative acts인 것이다(Clum 264). '객관적인 범주'란 게이나 레즈비언이 동성애자로서 사회제도에 동화되어 사회의 한 구성체로서, 즉 동성애 성 정체성이 인정받기를 바란다는 의미에서 추출된 개념이다. 반면에 '수행적인 행위'는 버틀러의 '수행성performativity' 논지로 이야기하면

> 젠더를 한 고정된 정체성으로 설명해서는 안 된다. … 차라리 젠더는 *양식화된 행위의 반복*을 통해 거의 관련 없이 특정한 시기에 만들어져서 공간에서 제도화된 정체성이다. … 만일 젠더가 내부적으로 불연속적인 행위들을 통해 제도화되어진다면 *실체의 외관*은

구성된 정체성, 즉 수행적 결과물인 것이다. (191–192)

버틀러의 '젠더' 기술에서 소위 섹스, 젠더, 섹슈얼리티는 모두 사회적 구성물이고 규범적인 성 분류로서의 이성애는 제도 담론의 강제적 결과다. 또한, 버틀러는 정체성 정치학의 해체를 시도하고 있는데 젠더는 자연 발생적 개념이 아니라 반복된 행동이 만들어낸 수행적 결과로서 본질적 개념의 성 정체성은 허구적 생산물인 것이다. 시겔은 "퀴어는 식탁에서 한 자리를 차지하기를 원하지 않는다. 그들은 그 식탁이 세 개의 다리를 가지고 있다는 보편적인 인식을 원한다"(Clum 264)라는 비유를 통해 게이와 퀴어를 차별화하고 있다. 비유를 해석해 보면 게이는 식탁 위의 한 음식으로서 인정받기를 원하지만 퀴어는 그 식탁이 세 개의 다리를 가지고 있다는 사실만 인정하고 그 위의 음식 내용을 거부하며 재구성하고자 한다. 즉 게이는 동성애자로서의 정체성을 가지고 사회에 동화되어 한 구성원으로 인정받기를 바라지만 퀴어는 인간이라는 객관적 사실을 내세우면서 사회가 부여한 기존 성 정체성에 대한 개념을 해체하고자 하는 것이다.

이론으로서 퀴어를 논할 때 비평가 대부분은 포스트모더니즘postmodernism과 후기구조주의post-structuralism의 퀴어에 대한 영향력이나 관계를 언급하게 된다. 일반적으로 퀴어 이론이 포스트모더니즘이나 후기구조주의와 다른 점은 퀴어가 일단 관심의 대상을 성과 젠더, 섹슈얼리티에 두면서 이 개념들을 통해 사회, 정치, 문화 현상을 이해하려고 한다는 데 있다. 퀴어와 후기구조주의 관계를 강조하는 애너매리 야고스Annamarie Jagose에 따르면, 레즈비언/게이 운동 the lesbian and gay movements은 효과적인 정치적 개입을 위해 정체성을 필요한 전제 조건으로 내세우면서 기본적으로 정체성 정치학 개념 the notion of identity politics에 관심을 보인다. 반면에 퀴어는 동일시 범주categories of identification의 절대성을 인정하지 않는다. 즉, 퀴어는 정치적 관점에서 정체성 범주에 한계를 인식하면서 정체성을 일시적 provisional이고 불확실한contingent 개념으로 접근하는 후기구조주의의 정체성 이론 구성the post-structuralist theorisation of identity을 따르고 있다는 것이다(77).

맥스 커쉬Max H. Kirsch는 퀴어 원리principle를 영화, 문학, 음악에서부터 사회과학이나 자연과학에 이르기까지 모든 분야에 고착화된 젠더와 섹슈얼리티에 관한 일반적 믿음을 해체하는 것이라고 설명한다. 이어서 퀴어 활동activity에 대해서는 문학작품이나 영화의 등장인물들에 대한 재해석부터 역사적 분석의 해체에 이르기까지의 문화를 "퀴어하기queering"라고 정리한다. 이론으로서 포스트모더니즘과 후기구조주의에 기원을 둔 퀴어는 기존의 지배 권력구조에 의해 제한적으로 계획된 모든 성 정체성에 대한 범주화를 거부한다(33). 그러면서 커쉬는 불확정성indeterminacy을 퀴어의 이해를 위한 기본 개념으로 전제하고 퀴어의 주요 목적을 "규범 분해하기 disassembling norms"로 보는데, 그는 포스트모더니즘의 광범위한 내용보다는 후기구조주의의 기본 신조인 '해체하기deconstruction'가 '분해하기'에 더 적합한 전략을 제공해 준다고 주장한다(35). 이처럼 커쉬는 후기구조주의의 해체 이론을 근거로 레즈비언/게이를 주체를 포함하는 성 정치학 범주로서 분류해 퀴어 이론을 레즈비언/게이 정치학과 차별화하고 있다.

퀴어의 반정체성 정치학과 관련해 데이비드 핼퍼린David Halperin은 정상적인 것, 합법적인 것, 지배적인 것과 대립하는 것을 퀴어라 주장한다. 그래서 퀴어가 필연적으로 의미하는 것은 아무것도 없는, 본질이 없는 정체성an identity without an essence이라고 말한다(Selden 255). 데이비드 건틀릿David Gauntlett은 정체성에는 고정된fixed 것이 아무것도 없으며, 정체성에 대한 담론의 반복을 통해 우리는 정체성을 가지고 있다고 믿게 된다며 퀴어를 설명한다(135). 그리고 정체성을 논하면서 퀴어 이론은 반정체성 개념을 강조하기 위해 '수행성performativity', '불확정성indeterminacy', '다양성diversity', '변하기 쉬움instability', '유동성의fluid', '고정성 없는unstable', '일시적인provisional', '불확실한contingent', '고정되어 있지 않은unfixed'과 같은 '해체하기'의 의미를 전달하는 단어들을 자주 언급한다. 이런 용어의 의도적인 사용은 주체 개념을 제한하고 범주화해 일반화시킨 결과에 따른 사회현상에 의문을 제기하려는 노력이다. 기존 연구 분야인 젠더 연구, 레즈비언/게이 연구, 페미니스트 이론에서는 게이 주체, 레즈비언 주체, 여성 주체, 남성 주체와 같이 주체의 존재가 설정되어 있으나 퀴어는 제도 담론에 의해 인위적으로 생산된 허구의 성 정체성들이 불확실하고 유동적일 수 있다고 주장하며 이러한 범주들의 해체를 시도한다.

3. 게이극으로서 『토치 송 삼부작』에 나타난 정체성 정치학

야고스는 게이 해방운동이 '게이로서 자부심pride in being gay'에 기반을 둔 새로운 감각의 정체성을 만들어 냈다고 말한다. 야고스의 주장에 따르면 젠더의 비자연화는 게이 해방운동과 퀴어 사이의 연결 고리인 반면에 새로운 감각의 이 '자부심'은 레즈비언/게이 정치학과 퀴어를 구분하는 중요한 개념으로 퀴어 이론과 충돌하는 지점이 되었다(32). 즉 이성애 중심주의 사회에서 게이들이 자신들의 존재를 알리고 스스로 의식을 고양해 대중적인 게이 정체성을 생산해 내면서 게이로서의 정체성이 합법적으로 사회의 한 부분으로 받아들여지기를 바라는 의도의 '자부심' 개념이 퀴어의 본질적인 의도는 아니라는 것이다.

퀴어와 차별화되는 게이극은 게이 중산층에 관한 이야기를 하며 주류극과 마찬가지로 중산층을 비판하지만 한편으로 중산층의 이상과 목표를 수용한다. 그들은 사회 비판이나 변화에 관한 관심보다는 좀 더 많은 이해를 보여 주는 열린 사회에서 게이의 권리를 요구하는 데 관심이 있다(Clum 266). 즉 게이극은 결혼이나 입양과 같은 사회제도를 통해 이성애 사회의 중산층 생활 방식에 동화되기 위한 게이들의 노력에 초점이 있다. 그러나 게이들은 이성애주의의 동성애 혐오 문화에서 자신들의 존재를 인정받고 정체성을 유지하기 위해 정신적/육체적 고통을 감수함에도, 여전히 높은 벽을 쳐다봐야만 한다.

피어스타인의 『토치 송 삼부작』[18]에서는 게이 정체성에 자부심을 느끼며 중산층의 생활 가치를 실현하려는 인물을 볼 수 있다. 작품의 줄거리는 뉴욕시에 사는 드래그 퀸이며 토치 송 가수인 아널드가 누군가를 사랑하고 누군가로부터 사랑받고 싶은 상황을 엮어 가는 사랑 이야기다. 피어스타인은 작품의 작가 노트에서 "여러분을 조금 덜 외롭게 만드는 작은 무엇인가가 이 작품들의 모습이고 존재 이유"(8)라고 알려 준다. 작가 노트 내용이 게이극 작가가 자신의 작품에 대한 취지를 이야기한 내용이라 성 소수자의 현실을 이야기하고 있다고 생각할 수 있으나 이는 이성애자건 동성애자건 인간이기 때문에 가지고 있는 감성을 드러낸 것이다. 일부 평론가들도 이 작품의 주요 주제가 동성애자도 이성애자들과 마찬가지로 인간으로서 외로움의 감정이 있다는 것을 보여 주는 것이라고 지적하기도 한다. 사랑, 이별, 죽음, 재회, 부모 역할과 같은 모든 인간의 감정과 바람을 이성애자와 같이 동성애자들도 가지고 있다는 것을 아널드가 보여 주기 때문이다. 그러나 게이극으로서 작품에 접근할 때 확대해야 할 부분은 아널드가 동성애자로서의 정체성에 자부심을 느끼면서 동성애 혐오 사회의 시선을 극복하고 사회에 동화되면서 중산층의 가치를 추구하려는 의지를 확인하는 데 있다.

아널드가 자신의 게이 정체성에 자부심을 보여 주는 상황은 엄마와의 갈등과 알란의 죽음에 대한 반응, 데이비드의 입양, 에드와의 갈등에서 확인할 수 있다. 아널드를 방문한 아널드의 엄마는 '베코프 부인Mrs. Beckoff'이 아닌 '엄마Ma'로 등장한다. 그녀는 이성애 사회의 가부장제를 자연스러운 가족 구조로 인식하고 있는 전형적인 엄마의 모습으로 자식들이 이성애자로 성장하기를 바라는 일반적인 부모들의 기대를 나타내고 있기 때문이다. 이미 13세 때 아널드는 자신의 동성애 성 정체성을 엄마에게 알렸지만, 엄마는 아널드가 이성애자로서, 소위 말하는 정상적인 결혼 생활을 통해 베코프가를 이어 가길 바라며 자식과의 갈등을 지속한다. 먼저 엄마를 가장 화나게 만든 상황은 아널드가 데이비드를 입양하려는 이유다. 자신의 연인이었던 알란이 죽고 '혼자라는 것widowing'에 지쳤다는 것이 아널드가 데이비드를 입양하려는 이유 중 하나이다. 엄마는 자신의 35년의 결혼 생활을 아널드가 알란과의 5년 관계에 비교하는 상황을 이해하려 하지 않는다.

> 너는 나의 결혼을 너와 알란과의 관계에 비교하고 있니? 너의 아버지와 나는 35년의 결혼 생활을 했고, 두 아이를 키웠으며 함께 좋은 삶을 살았어. (144)

아널드는 사랑하는 누군가를 잃고 외로움을 극복하기 위해 데이비드를 입양하려는 것인데, 엄마는 '혼자라는 것'이라는 단어를 듣고 난 후 남편이 죽고 나서 3년간 미망인으로 지낸 자신의 외로움을 아널드가 이해하지 못하고 있는 상황에 아쉬움과 분노를 보여주고 있다. 엄마는 알란의 죽음을 사랑하는 사람을 잃었다는 개념이 아닌 단순히 같이 어울려 다니던 젊은 남자아이를 잃어버렸다는 상황으로 이해한다. 중요한 점은 엄마의 아쉬움과 분노의 표현에는 동성애자의 사랑과 동거는 이성애자의 결혼이라는 사회제도와 비교할 수 없다는 논지가 강조된다는 것이다.

엄마와 아널드의 갈등 저변에는 성 정체성에 대한 이분법적 사고방식을 강요해 정상과 비정상, 옳고 그름의 개념을 일방적으로 주입하는 사회제도가 있다. 자연스러움으로 규정된 이성애는 정상인 성 취향이지만 동성애는 규범을 위반하는 비정상인 성 취향으로 분류된다. 여기서 강제적 이성애와 동성애 혐오가 발생한다.

> 엄마는 좋고 깨끗한 병원에서 엄마의 남편을 잃었고, 나는 저기 밖에서 사랑하는 사람을 잃었어요. 애들이 길거리에서 그를 죽였어요. 23살 난 애가 길거리에 죽은 채 누워 있었어요. 야구방망이를 들고 있는 애들이 죽였어요… 엄마 같은 사람들에게 교육받은 애들이요. 동성애자들은 중요하지 않다는 것을 모두가 알기 때문이죠! 동성애자들은 사랑하지 않죠! 그들은 당연한 대우를 받는 거죠! (145)

아널드는 동성애자 학대gay bashing라는 표현으로 소년들에게 구타당해 공원에서 23세의 나이에 살해된 알란을 언급하며 그의 죽음을 아버지의 죽음과 비교한다. 아버지의 편안한 죽음과 비교해 알란의 죽음은 사회의 편견과 차별에 의한 죽음이라는 것이다. 그리고 편견과 차별의 이데올로기는 '엄마'로 대변되는 교육과 같은 사회제도로 인해 심지어 동성애자들의 인간적인 사랑에 대한 감정마저도 무시당하고 있다는 것이다.

아널드가 엄마와의 계속되는 갈등을 견뎌 낼 수 있는 이유는 그가 자신의 동성애 성 정체성에 자부심을 느끼기 때문이다. 데이비드가 오스카 와일드Oscar Wilde의 시를 언급하자 아널드는 데이비드에 대한 자세한 정보를 모르고 있던 엄마의 당황해하는 모습에도 불구하고 데이비드에게 와일드가 동성애자이기 때문에 투옥됐었다는 동성애 혐오의 역사적 사건 이야기를 해 준다. 아널드의 의도는 동성애자에 대한 역사의 평가를 언급하며 엄마와 데이비드에게 자신의 성 정체성에 대한 자부심을 확인시키고 싶기도 하고 데이비드에게 엄마의 존재에 대한 두려움을 제거해 보고 싶기도 했기 때문일 것이다. 아널드가 "그[데이비드]를 입양하려는 주목적은 그가 자신의 동성애 정체성에 긍정적인 태도를 보이면서 성장할 수 있도록 하기 위해서입니다"(149)라고 말할 때 아널드는 동성애자로 친부모에게 학대당하고 기탁 부양 가정에서도 적응하지 못해 힘들어하는 15세의 데이비드에게 폭력과 편견에서 벗어난 안락한 가정이라는 안식처를 마련해 주고 싶었던 것이다.

아널드의 동성애 성 정체성에 대한 자부심은 데이비드를 처음 만난 날 그에게 알란이 죽은 장소를 보여 주는 장면에서도 확인할 수 있다. 길거리에 희미하게 남아 있는 알란의 핏자국은 동성애자에 대한 사회의 편견과 혐오의 결과로 아널드가 자신의 성 정체성을 스스로 혐오한다면 데이비드에게 확인시킬 용기가 없었을 것이다. 그러면서 아널드는 TV에서 "다시는 안 돼Never Again"와 "우리는 잊지 못한다We Remember"라는 반나치 구호를 외치며 거리 행진을 하는 유대인들의 모습을 데이비드에게 보여 주며 나치의 유대인 학살과 같은 사건이 지금도 동성애자들에게 가해지고 있다는 메시지를 전해 준다. 이러한 아널드의 노력은 데이비드에게 긍정적인 효과를 불러일으킨다.

> 난 당신과 함께 사는 게 정말 좋아요. 심지어 난 당신이 나를 돌보려고 노력하는 그 방식도 좋아해요. 당신은 내가 한 가정이 있다고 느끼게 해 줘요. (158)

이렇듯 아널드에게 믿음을 가지고 있는 데이비드는 처음 만난 아널드의 엄마에게 자신을 아널드의 아들이라고 자신 있게 소개한다.

아널드의 커밍아웃coming out은 이성애 중심 사회에서 자신의 성 정체성에 따라 동성애자로 살아가겠다는 의지의 표현이다. 특히 자신의 동성애 성 정체성 문제가 부모와 멀어질 수밖에 없는 결과를 낳고 부모와의 갈등도 충분히 예상할 수 있는 상황에서도 아널드는 자신의 성 정체성에 대한 의식을 고양하며 사회에 동성애자로서 자부심을 드러내는데, 이 같은 노력은 에드와의 갈등을 통해서도 나타난다. 엄마가 아널드로부터 자주 듣게 되는 '게이gay'라는 단어에 짜증을 내자 아널드는 그것은 자신이 '게이'이기 때문이라고 답변한다. 엄마가 동성애를 '병sickness'이라며 아널드의 성 정체성을 인정하지 않으려고 해도 아널드는 사회가 강제적으로 이성애를 강요하고 있다며 자신은 엄마가 원하는 이성애자가 아닌 동성애자의 성 정체성을 가지고 있다고 말한다.

난 게이예요. 그 이유를 모르겠어요. 아는 사람이 없을 겁니다. 그런데 그게 나예요. 내가 과거를 기억하는 한… 내가 이성애자이기를 바라겠지만 난 그렇지 않아요! 엄마는 내가 차라리 거짓말을 하길 바라죠? 내 친구들이 엄마한테 말했다고 내가 제정신이 아니래요. 친구들은 부모에게 말할 꿈도 꾸지 못해요. 대신에 그들은 부모와 연을 끊어요. 그러면 부모는 "내 애들이 왜 이렇게 멀어졌지?" 하며 의아해하죠. 이게 엄마가 원하는 거예요? (151)

다시 말해 아널드는 자신이 동성애자이기 때문에 동성애자로 살겠다는 것이다. 그러나 같은 동성애자인 에드는 이성애 사회에서 동성애자로 살아가기를 두려워하면서 게이 바에서 우연히 처음 만난 아널드에게 자신을 여성도 만나고 있는 양성애자로 소개한다. 아널드와 에드는 연인의 감정을 서로 확인해 나가지만 처음에 굳이 자신을 양성애자로 규정하려는 에드의 태도에는 언젠가 자신은 이성애자의 삶을 선택하겠다는 고민이 숨어 있을 수 있다.

에드가 자신의 동성애 성 정체성을 거부하고 숨기면서 사회가 강요하는 이성애자로 살아가려는 의지는 로렐과의 만남과 결혼에서도 볼 수 있다. 에드는 로렐을 처음 소개받을 때 철저히 이성애자의 모습을 보여 주며 자신의 부모에게 로렐을 소개한다. 시간이 흐르면서 로렐에게 아널드의 존재를 밝히고 로렐의 권유로 정신 치료를 받은 후에는 자신을 이성애자라고 확신하기까지 한다. 이성애 삶의 모방이 자신의 성 정체성에 변화를 가져올 수 있다고 믿고 있는 것이다. 이런 에드의 '이성애자 되기' 노력은 아널드에게는 동성애자의 자부심을 포기하고 자기 정체성을 부인하는 위선자의 모습으로 비친다. 아널드는 누군가 자신을 필요로 할 때, 자신에게 누군가가 필요할 때 서로에게 위로가 돼 주었던 에드에게 죄의식을 느끼게 하려 하지만 에드는 혼돈과 두려움을 느끼며 "너는 나에게 죄의식을 느끼게 할 권리를 갖고 있지 않아"(26)라고 자신의 의지를 확인하면서 아널드의 노력을 무시한다.

> 에드: 아널드, 난 너와 같지 않아. 난 게이 바나 게이 음식점, 게이 뒷방과 같은 동성애 전용공간에서 살면서 행복할 수 없어. 누군가 내가 게이라는 사실을 발견해서 나를 해고할까 두려워. 나는 여성 같은 말을 하며 베티 데이비스를 따라 하는 동성애자들을 증오해. 난 이런 것들을 원하지 않아.
>
> 아널드: 그런 것이 우리들의 모습은 아니잖아…
>
> 에드: 난 그 이상의 것을 원해. 난 내 모습에 자부심을 느껴야 해.
>
> 아널드: 남자와 함께 지내고 싶다는 것을 네가 알고 있다면 어떻게 여성과 잠자리를 같이하면서 네 모습에 자부심을 가질 수 있지? 네가 너의 진정한 모습이 될 수 없다면 어떻게 다른 사람으로부터 존경을 받겠니? 너는 존경받을 수 없어!
>
> 에드: 네 자부심은 어디 있는데? 응? 볼 수가 없는데!
>
> 아널드: 내 자부심을 보길 원해? 이게 내 자부심이야! (에드를 비추는 조명이 꺼질 때 아널드는 전화 수화기를 쾅 내려놓는다.) (31)

에드는 동성애 문화와 동성애자들의 생활 방식, 그들의 모습을 모두 혐오하며 동성애자에 대한 사회의 차별을 두려워하고 있다. 문제는 그가 동성애 혐오 이데올로기를 실천하면서 동성애 성 정체성에 자부심을 느껴 보겠다는 데 있다. 알란이 아널드에게 에드와 헤어진 이유를 물었을 때 아널드는 "난 한 남편을 원했고 그는 한 부인을 원했지"(62)라고 말하며 같은 동성애자로서 에드와의 인식의 격차를 설명한다. 에드의 '자기혐오self-hatred'와 '자부심self-respect'이라는 모순된 논리는 이성애 사회에서 생존하기 위한 에드의 어쩔 수 없는 혼돈일 수 있다.

이후 로렐과 만났던 목적이 결혼이 아니라 우정이었다는 변명으로 이성애 결혼 생활을 포기한 에드는 동성애자로서 자신이 보여줘야 할 성 정체성 정치학에 문제가 있음을 아널드에게 인정한다. 아널드가 지적한 대로 "이성애 결혼의 B급 모방"(165)이 동성애자의 삶은 아니다. 드래그 퀸으로서의 삶, 엄마와의 갈등, 알란의 죽음에 대한 정치적 의미 부여, 동성애자로서 데이비드의 입양에 대해 사회의 부정적인 시선을 극복하려는 아널드의 노력이 동성애자의 자부심이라는 것을 에드는 이해한다.

4. 퀴어극으로서 『클라우드 나인』에 나타난 성 정체성 해체하기

『토치 송 삼부작』에서 아널드가 자신의 동성애 성 정체성을 적극적으로 수용하며 정절, 가족, 사랑, 부모 역할과 같은 중산층 가치를 실현하려는 의지를 보여 준 반면에 처칠의 『클라우드 나인』에서는 제도권 담론에 의해 인위적으로 생성된 성 정체성 개념이 차례로 해체된다. 워크숍 활동과 작품 아이디어의 구상을 밝히고 있는 작가 노트에서 처칠은 이 작품을 성 정치학sexual politics에 관한 이야기라고 말하면서 식민지 억압과 성 억압colonial and sexual oppression 사이의 유사점으로부터 아이디어를 가져왔다고 한다(i). 작품은 영국 식민주의 정책의 억압과 정체성 말살의 과거를 통해 젠더와 섹슈얼리티의 강제성과 허구를 강조하고 있는데 극의 배경과 구성이 이를 잘 설명해 주고 있다.

1막은 식민주의 정책이 최고조에 있던 빅토리아 시대에 영국의 한 아프리카 식민지가 배경이고, 2막은 1979년 런던을 배경으로 하는데 1막과 2막은 100년의 시차가 있지만, 등장인물들은 25년의 차이를 보여 주고 있다. 처칠은 이러한 시대 배경의 설정에 대해 영국의 식민주의 정책이 최고점에 있던 빅토리아 시대를 통해 변화하고 있는 현대의 섹슈얼리티 개념이 좀 더 분명해질 것이라고 말한다. 또한, 극의 구성에 대해서도 "1막은 당시의 사회상이 그러하듯이 남성 중심적이고 견고하게 구조화되어 있으며 2막에서는 좀 더 많은 에너지가 여성과 게이들로부터 분출된다. 사회의 불확실성과 변화가 그리고 좀 더 여성적인 그리고 덜 권위적인 감정이 2막의 좀 더 느슨한 구조에 반영되어 있다"라고 설명한다(ii). 처칠이 이론을 염두에 두고 한 말은 아니지만 "남성 중심"과 "여성과 게이", "견고한 구조firmly structured"와 "좀 더 느슨한 구조looser structure"의 이항 대립 개념이나 "사회의 불확실성과 변화the uncertainties and change of society", "덜 권위적인 감정less authoritarian feeling"과 같은 용어들은 앞서 퀴어 이론을 설명하면서 언급했던 후기구조주의의 내용으로, 이러한 대립 개념과 젠더와 섹슈얼리티, 성 정체성 개념의 변화를 통해 작품의 퀴어적인 내용을 확인할 수 있다.

먼저 1막에서는 영국의 아프리카 식민지 관리자이자 한 가정의 가장인 클라이브가 제국주의와 가부장제, 강제적 이성애 이데올로기를 실천하는 상징적인 인물로 등장한다. 그는 전통적인 개념의 젠더와 섹슈얼리티를 강요하며 여성을 비하하는 남성우월주의자다. 처칠은 이러한 클라이브의 폭력을 효과적으로 연출하기 위해 크로스 젠더와 크로스 인종 배역cross-gender and cross-racial casting의 장치를 이용하고 있는데, 이에 따라 클라이브의 부인 베티는 남성이, 흑인 하인인 조슈아는 백인이, 클라이브의 아들인 에드워드는 여성이 각각 연기한다. 이런 크로스 배역 설정의 효과로 클라이브가 영국 여왕을 찬양하며 자신을 이곳 원주민들의 아버지이고 한 가족의 가장으로 소개할 때 베티는 "나는 클라이브를 위해 살고, 내 인생의 목적은 그가 아내에게 바라는 것을 실천하는 겁니다. 난 남성의 피조물이며, 남성들이 원하는 모습이 되길 원해요"(1)라고 말하며 여성이기보다는 한 남성의 부인으로서 자신의 정체성을 확인한다. 마찬가지로 클라이브가 조슈아를 흑인이 아닌 백인으로 바라볼 것을 관객에게 요청하자 조슈아는 "내 피부는 검지만 내 영혼은 하얗습니다. 나는 나의 종족을 증오합니다. 주인만이 나의 빛입니다. 백인 남성들이 원하는 모습이 되길 원합니다"(2)라고 말하며 클라이브의 기대에 따라 흑인으로서의 정체성을 부인한다. 에드워드에게도 클라이브가 아들을 남성으로 성장하도록 가르치겠다고 하자 “나는 아버지가 원하는 대로 따라 하겠지만 쉽지 않아요”(2)라고 말하면서 클라이브가 전통적인 남성 역할을 자신에게 강요하는 것에 부담을 느끼고 있음을 말한다.

베티, 조슈아, 에드워드의 반응에서 볼 수 있는 것처럼 식민지 원주민들이나 가족들에게 클라이브의 존재는 거스를 수 없는 권력으로 그 권력으로부터 나오는 인종 억압과 성차별, 강제적 성역할 강요에 주변 인물들은 침묵할 수밖에 없으며 심지어 그들은 그러한 억압과 강요에 정당성을 부여하기까지 한다. 영국 식민정책의 희생자인 조슈아는 서구 제국주의 사상을 주입받아 자신들 부족의 창조 신화를 ‘나쁜 이야기’라고 부인하고 기독교 신화를 사실이라 인정하면서 신이 인간을 백인으로 창조했다는 이야기를 받아들인다. 특히 조슈아는 원주민들을 야만인이라고 부르면서 식민지 저항 세력에 폭력을 가하는 클라이브를 지지하고 자신의 종족을 ‘나쁜 사람들’이라 부르며 그들을 밀고한다. 심지어 영국 군인들의 폭력으로 자신의 부모가 사망했을 때도 장례식 참석을 거부하며 자신의 부모 역시 나쁜 사람들로 확신한다. 조슈아는 8년간 클라이브 가족의 하인으로 지내며 클라이브에게 충성하지만 백인 남성의 의식 구조를 학습해 베티를 무시하며 베티에게 성적인 언어폭력도 서슴지 않고, 이브Eve를 뱀을 좋아하는 나쁜 여성으로 묘사한다. 또한, 클라이브가 강요하는 철저한 성역할의 규범에 따라 인형을 좋아하는 에드워드를 “아가씨. 여자 같네요. 여자 같네요”(34)라고 조롱하면서 인형을 찢어 버리기도 한다. 그러나 이러한 조슈아의 ‘백인 남성 모방하기'와 '자기 인종 혐오하기'는 생존하기 위해 어쩔 수 없이 받아들여야 하는 가치체계로 조슈아도 클라이브가 강요하는 이데올로기의 폭력성과 부당함을 알고 영국의 새로운 대륙의 발견을 상징하는 탐험가로 게이인 해리와 에드워드의 레즈비언 가정교사인 엘렌의 결혼식에서 클라이브에게 총을 겨누며 제국주의의 상징인 클라이브를 제거하려 한다.

사회는 '남성성'과 '여성성', '남성다움'과 '여성다움'이라는 주체 개념을 만들어 젠더의 역할을 강요하는데, 에드워드는 이런 제도의 희생자로 묘사된다. 클라이브는 에드워드가 소위 말하는 남성으로 성장하기를 바란다. 남성이면 당연히 공을 잘 던지고 잘 받아야 한다고 믿고 있기에 에드워드가 공을 잘 받지 못하자 클라이브는 에드워드의 남성성 결핍을 지적하며 "어리석게도 넌 공을 받지도 못하는구나. 크리켓을 잘할 수 없겠어"(19)라고 조롱한다. 클라이브의 가치관을 실천해야 하는 베티도 여동생 빅토리아의 인형에 애착을 보이는 에드워드에게 사회가 부여한 성역할의 중요성을 강조한다.

> 학교에서 남자애들한테 네가 인형을 좋아한다는 사실을 알게 해서는 안 돼. 정말 안 돼. 누구도 너하고 친구가 되려 하지 않을 거야. 크리켓 팀에 들어갈 수도 없고, 아버지와 같은 남자가 될 수 없어. (30)

남성 역할을 거부하면 "아주 사악한 소년"(30)이 되면서 신체에 대한 폭력과 감금이라는 처벌이 가해진다. 클라이브의 가족들에게 성역할의 거부는 '악'이다. 여성인 빅토리아가 인형을 싫어하고 남성인 에드워드가 인형을 좋아한다는 기존 성역할의 전도를 확인하자 클라이브의 장모 모드는 사회가 요구하는 젠더 정체성을 위해 성역할을 강제적으로 학습시켜야 한다고 주장한다. 이때 모드의 이러한 사고방식은 클라이브가 자신의 입맛에 맞게 식민지 원주민들을 대상으로 '길들이기'를 해야 한다는 논리와 같은 것이다.

이성애 남성 중심 사회의 정점에 있는 클라이브에게 아내로서 베티의 남편에 대한 헌신과 정숙함은 너무나 당연한 여성성의 덕목이다. 이후 조슈아의 밀고로 베티와 해리의 관계를 알게 된 클라이브는 베티의 부도덕성을 지적한다.

> 베티, 당신은 생각이 모자라. 그뿐이야. 여성들은 배신하고 부도덕할 수 있어. 여성들은 남성들보다 더 사악하고 더 위험해… 우리는 이 사악한 여성의 정욕을 없애 버려야 해. (34)

베티의 부도덕성을 모든 여성의 속성으로 확대하면서 클라이브는 해리에게도 "여성은 이성이 없고, 요구가 많고, 일관성이 없고, 배신하고, 음탕하고 우리 남성들하고는 달라"(40)라고 말하며 성차별주의자로서 자신의 남성 권위를 합리화한다. 성차별뿐만 아니라 클라이브는 이성애를 강요하는 사회제도를 대변하면서 동성애자에 대한 혐오를 구체화한다. 해리가 클라이브의 성 취향을 오해하면서 그에게 접근할 때 클라이브는 역겨워하며 동성애를 '죄'로 심판한다. 클라이브의 관점에서 동성애란 사회 규범에 반하는 대영제국 멸망의 원인이 될 비정상적인 취향인 것이다. 클라이브의 동성애 혐오 발언은 해리를 '자기혐오'에 빠지게 하고 해리는 자신을 기형적인 존재로 인정한다. 그러나 클라이브는 미망인으로 자신의 집에 피신에 온 손더스 부인과의 계속된 부적절한 행동을 통해 자신이 강요하고 있는 지배 이데올로기의 모순을 드러내며 도덕적 타락의 주체가 된다.

1막은 클라이브의 상징적인 죽음과 함께 끝나고, 2막에서는 클라이브의 가치관에 얽매였던 제도의 희생자들이 인위적으로 만들어져 자신들에게 강요된 기존의 정체성을 해체해 나가기 시작한다. 2막은 여성 해방이나 다양한 성 정체성 담론의 시대에서는 클라이브의 존재가 전혀 어울리지 않음을 보여 준다. 하지만 계속 진행 중인 영국의 북아일랜드에서의 식민지 정책은 상징적으로 등장인물들이 과거로부터 완전히 자유롭지 못한 상황임을 동시에 보여주기도 한다. 변화는 먼저 배역에서 찾아볼 수 있다. 남성의 가치를 실천하며 남성이 맡았던 베티 역할은 여성이 맡게 되고, 전통적인 성역할 강요의 부조리를 표현하기 위해 여성이 연기했던 에드워드는 남성이 연기하며, 1막에서 마네킹 인형이 맡았던 빅토리아 역은 여성이 맡게 되면서 클라이브의 권위를 벗어나고 있다. 즉 허구로서의 기존 성 정치학의 견고했던 구조가 배역의 변화를 통해 해체되면서 관습의 틀에 얽매였던 진정한 자아의 해방과 다양한 개인의 성 취향이 시각화되면서 강조된다.

2막의 시작은 에드워드의 파트너인 동성애자 게리의 독백으로 시작한다. 성적으로 자유분방한 게리가 들려주는, 기차역에서 만난 누군지도 모르는 동성과의 자세한 성 경험담은 1막에서 '죄'와 '악', '병'으로 분류되면서 처벌이 뒤따랐던 동성애에 대한 사회 인식에 변화가 있음을 보여 준다. 과거 1막과의 연관성이 없는 게리의 솔직한 동성애 성 정체성 표현은 자신의 동성애 성 정체성으로 정원사 일자리를 잃지 않을까 두려워하며 과거의 흔적을 지우지 못하고 있는 에드워드의 소극적인 모습과 대조된다. 속박을 거부하는 게리의 무절제한 사생활은 에드워드의 불만으로 이어지고 게리는 요리와 뜨개질을 즐기며 자신을 통제하려는 에드워드의 여성 성역할에 부담을 느끼게 되면서 둘 사이의 관계는 멀어진다. 이러한 게리와의 갈등으로 에드워드는 자신의 성 정체성에 혼돈과 불확실성을 인식하기도 한다.

> 에드워드: 난 여성이 좋아.
>
> 빅토리아: 엄마가 좋아하겠는데.
>
> 에드워드: 그런 의미가 아니야. 차라리 여성이 됐으면 해. 가슴을 가졌으면 해. 아름다워. 손을 대봐도 괜찮아?
>
> …
>
> 에드워드: 남자들 지겨워.
>
> 빅토리아: 남자들은 지겨워.
>
> 에드워드: 나 레즈비언 같아. (72)

에드워드는 자신의 성 정체성이 게이가 아니라 트랜스젠더일 수도 있고 트랜스젠더로서 레즈비언일 수도 있다는 가능성을 이야기한다. 이런 가능성과 함께 에드워드는 정원사 일을 그만두고 레즈비언 싱글 맘single mother인 린과 빅토리아와 함께 지내며 여성들과 같이 잠자리를 하는 양성애자로서의 정체성을 보여 주기도 하는데 이렇듯 에드워드의 성 정체성 혼란과 변화는 계속되고 있다. 그러나 중요한 것은 베티가 느끼는 것처럼 에드워드가 자신이 선택한 성 정체성과 성역할에 행복해한다는 것이다.

빅토리아 역시 성 정체성의 변화를 경험한다. 1막에서 마네킹 인형으로 등장하고 2막에서는 사회 규범에 따라 마틴과 이성애 결혼을 하지만 린을 만나면서 빅토리아는 레즈비언의 정체성을 확인한다. 스스로 여성의 관점에서 여성에 관한 소설을 쓰고 있다는 마틴은 빅토리아에게 "나는 여성을 울게 하는 그런 남자가 아니야"(61)라고 말하면서 여성들 사이의 상호 이해를 위해 빅토리아의 양성애 성 취향도 기꺼이 이해하고 직장의 선택도 자유를 준다고 강조하지만 "나는 네가 전인적인 인간이라고 생각하진 않아"(63)라고 말하며 이율배반적인 모습으로 남성 권위를 행사한다. 어떻게 보면 자신이 마틴보다 더 지적이고 현명하다고 생각하는 빅토리아의 레즈비언 성 정체성은 남성 중심 사회에 저항하기 위한 정치적 의도가 있는 선택이라고 볼 수도 있다.

폭력을 행사하는 남편과 이혼하고 딸 캐시와 살고 있는 린 역시 남성 중심 사회제도의 희생자로 빅토리아와의 레즈비언 관계를 통해 제도의 틀을 거부하지만 동시에 캐시에게 남성성을 강요한다. 린은 2막에서 유일하게 크로스 젠더 배역으로 남성이 연기하는 캐시에게 장난감 총을 가지고 다니게 하며 조슈아가 총으로 클라이브를 제거하고자 하는 노력처럼 함께 놀고 있는 남자아이들을 죽이라고 하면서 어린 캐시에게 남성의 권위를 제거해야 한다는 사고를 주입한다. 그러나 캐시는 린의 강요를 받아들이지 않는다.

> 내가 그녀[캐시]에게 새 드레스 세 벌을 사 줬어요. 캐시가 청바지를 입고 학교에 가길 싫어해요. 트레이시와 맨디가 캐시를 남자라고 부른대요. (61)

캐시가 분홍빛 드레스를 입고 장난감 총을 가지고 등장할 때 린이 베티에게 하는 말이다. 엄마가 자신에게 총을 주지 않았다는 린은 딸 캐시에게 남성들을 향해 폭력을 행사할 것을 요구한다. 린은 캐시를 통해 자신의 남성 증오를 표현하고 딸이 남성으로부터 자기 보호를 할 수 있도록 남성성을 강조하지만, 이는 오히려 캐시의 혼란스러워하는 모습을 만들어 내고 있다. 베티의 귀걸이와 목걸이, 모자에 애착을 보이는 여성 취향의 캐시를 린은 협박으로 포기하게 하면서 캐시를 자신과 같은 희생자로 만들고 싶어 하지 않는다. 하지만 린의 이런 의도는 캐시에 대한 또 다른 성역할의 강요로 린은 빅토리아로부터 "넌 참 일관성이 없어"(66)라는 지적을 받게 된다.

처칠은 영국의 북아일랜드 식민지 지배를 다시 정치화하면서 군인으로 등장하는 린의 동생 빌도 캐시 역을 맡은 배우가 연기할 것을 요구하고, 1막에서 등장한 클라이브가 캐시 역을 맡는 것을 선호한다(iii). 즉 캐시와 클라이브, 빌을 같은 남성 배우가 연기하게 되는데 빌의 죽음은 계속되고 있는 식민지 정책으로 인한 희생자로서 빌의 모습을 보여 줌과 동시에 1막에서와 마찬가지로 식민지와 성 억압의 유사성을 강조하면서, 린으로부터 성 정체성을 강요당하는 희생자로서 캐시의 혼란스러운 모습도 상징적으로 드러내게 된다.

베티는 자연스러운 것으로만 생각했던 '남성이 원하는 여성'으로서의 정체성을 해체하며 클라이브로부터의 독립을 향해 과거로부터 한 걸음씩 멀어져 간다. 하지만 클라이브를 떠나 혼자 살 집을 마련하고 직장을 구하려고 결심하고 있음에도 베티의 의식 구조는 클라이브로 대변되는 자신을 보호해 줄 남성의 존재를 계속해서 필요로 한다. 사위인 마틴이 클라이브를 떠난 자신을 경멸하고 있다고 생각하며 클라이브와 헤어진 자신의 결정에 대한 주위의 반응에 민감해하고 린에게 남편의 필요성을 암시하기도 한다. 특히 베티는 클라이브식의 남성우월주의 사고에 갇혀 있어 여전히 여성을 남성에 비해 열등한 존재로 바라보고 있다.

> 그들[여성]은 남자들처럼 재미있는 대화를 못해요. 천재적인 여성 작곡가도 없고요. 여성들은 유머 감각도 없어요. 모든 것을 감정적으로 처리해 일을 망쳐 버려요. 여성을 아주 좋아하고 있다고 말할 수 없어요. 좋아하지 않아요. (64)

클라이브의 부재를 절실히 느끼며 남성 의존적 사고방식을 극복하지 못하고 여성으로서 열등의식을 떨쳐 버리지 못했던 베티는 병원에서 일하면서 경제적 독립을 하게 되고, 자신의 엄마 모드가 나타나 "나는 보호받지 못한다는 것이 뭔지 알고 있어… 나는 항상 너를 위해 가장 좋은 것을 원하고 있지"(82)라고 말하는 충고를 거부할 수 있게 된다. 모드가 말하는 클라이브의 보호, 즉 남성의 억압에 도전하면서 스스로 죄책감 없이 성의 쾌락을 경험한 베티는 클라이브와 모드로부터 멀어지면서 "나는 성취했어"(83)라고 외친다. 그리하여 자유로운 성 정체성을 표현하는 신세대 게리와 친구가 되고 1막에서의 베티와 포옹을 하며 2막의 베티는 새로운 자아를 발견하게 된다.

저넬 라이넬트Janelle Reinelt는 『클라우드 나인』 워크숍에 참여한 다양한 성 정체성의 구성원들을 열거하면서 처칠이 작품을 통해 고정된 정체성fixed identity과 규범적인 성 동일시normative sexual identifications의 개념에 도전하고 있다고 지적한다. 라이넬트의 이 지적은 처칠이 여성들과 함께 여성에 관한 작품을 구상한 것이 아니라 계급, 성, 인종 그리고 세대 간 차이를 포함하는 주체 범위를 가로질러 젠더의 불확실성gender ambiguity과 성의 개인 간의 관계에 관한 급진적인 변화radical socio-sexual change에 따른 아픔과 혼란을 보여주고 있다는 주장이다(29). 처칠이 작가 노트에서 언급한 작품의 해설에서와 마찬가지로 라이넬트도 자신의 작품 비평에서 비록 '퀴어'라는 용어를 사용하고 있지 않지만 바로 『클라우드 나인』을 퀴어로 읽을 수 있는 퀴어를 이야기하고 있다.

4장에서는 이론으로서 게이와 퀴어를 정체성과 반정체성의 대립 구도 개념으로 접근하면서 피어스타인의 『토치 송 삼부작』을 게이극으로, 처칠의 『클라우드 나인』을 퀴어극으로 분석을 시도했다. 뉴욕 게이 출판사the Gay Presses of New York의 1983년도 『토치 송 삼부작』 겉표지에는 아널드인 듯한 드래그 퀸이 세상을 응시하는 눈만 보인 채 눈 밑의 자신의 모습을 검은 천으로 가리고 있는 모습의 사진이 있다. 닉헌 출판사Nick Hern Books의 2011년도 『클라우드 나인』 겉표지에는 머리부터 가슴 바로 위까지는 클라이브를 연상시키는 남성의 모습이, 가슴부터 무릎 위까지는 여성의 몸이, 무릎부터 발끝까지는 청바지에 운동화를 신은 정체성이 불확실한 누군가의 합성 사진이 있다. 바로 이 두 모습에서 게이와 퀴어의 차이를 읽을 수 있지 않을까 하는 생각이 든다.

인용 및 참고 자료

Butler, Judith. *Gender Trouble*. New York: Routledge, 2006.

Clum, John M. *Still Acting Gay: Male Homosexuality in Modern Drama*. New York: St. Martin's Griffin, 2000.

Churchill, Caryl. *Cloud 9*. London: Nick Hern, 2011.

Doty, Alexander. *Making Things Perfectly Queer*. Minneapolis: U of Minnesota P, 1993.

Fierstein, Harvey. *Torch Song Trilogy*. New York: Samuel French, 1979.

Gauntlett David. *Media, Gender and Identity: An Introduction*. London: Routledge, 2002.

Jagose, Annamarie. *Queer Theory: An Introduction*. New York: New York UP, 2003.

Kirsch, Max H. *Queer Theory and Social Change*. New York: Routledge, 2000.

O'Driscoll, Sally. "Outlaw Readings: Beyond Queer Theory." *SIGN* Autumn 1996: 30-51.

Reinelt, Janelle. "On feminist and sexual politics." *Caryl Churchill*. Ed. Elaine Aston and Elin Diamond. Cambridge: Cambridge UP, 2009. 18-35.

Selden, Raman, Peter Widdowson and Peter Brooker. *A Reader's Guide to Contemporary Theory*. Harlow: Person, 2005.

Stanley, Alessandra. "Militants Back 'Queer,' Shoving 'Gay' the Way of

'Negro'." New York Times. Web. 10 September 2013. ⟨http://www.nytimes.com/1991/04/06/nyregion/militants-back-queer-shoving-gay-the-way-of-negro.html⟩.

5장

동성애 혐오의 사회적 역할과 효과

○

동성애자들이 동성애를 전염시키듯이 성적으로 문란한 동성애자들이
매독과 같은 성병을 전염시킨다는 통념은 성병의 은유를 통해
동성애자를 바라보게 하였다.
범죄자의 영역에서 다뤄지던 동성애자에 대한 관념은 깊고 넓어져
이런 육체적 질병과의 연결뿐만 아니라 정신병적인 측면에서도 관찰되면서
동성애자들의 죄의식을 더 깊게 만들었다.

---

1. 동성애 혐오의 현실

2010년에 '숨바꼭질Hide/Seek'이라는 타이틀로 동성애 주제 작품을 전시하고 있던 내셔널 포트레이트 갤러리the National Portrait Gallery[19]에서 데이비드 보이나로비치David Wojnarowicz의 비디오 작품 〈내 배 속의 불A Fire in My Belly〉(1987)이 에이즈로 죽은 보이나로비치의 친구였던 피터 후자Peter Hujar에 대한 슬픔과 분노를 표현하는 데 있어 예수의 모습을 보여 주었다는 이유로 제거된 사건이 있었다. 이 사건에 대해 뉴욕타임스의 칼럼니스트인 프랭크 리치Frank Rich는 해당 작품은 인간의 고통을 보여 주기 위해 많은 예술가가 사용해 오던 단순한 예수의 이미지였을 뿐이었는데 보이나로비치는 '동성애 혐오homophobia' 문화의 희생자가 되었다고 평론했다. 2011년 1월에는 서

구의 동성애 혐오 문화에 계속해서 영향받고 있는 아프리카 대륙의 우간다에서 게이 인권운동가 데이비드 카토David Kato가 폭행을 당해 죽었다. 미국에서 발생한 시간상으로 가까운 역사적인 동성애 혐오 사건들로는 1950년대인 매카시 시대the McCarthy era에 반공산주의 정책과 더불어 동성애자들에 대한 '공포와 박해the Lavender Scare'가 있었으며, 1980년대에는 에이즈를 동성애자와 관련된 병으로 만들어 동성애자들이 언젠가는 자신도 에이즈로 죽어야 한다는 공포에 휩싸였었다.

언뜻 떠오르는 문학작품이나 영화에 나오는 동성애 혐오 문화의 희생자들을 살펴보면 1979년 1월에 플로리다의 키 웨스트에서 다섯 명의 십 대 소년들에게 폭행을 당했던 극작가 테네시 윌리엄스Tennessee Williams의 『지난 여름 갑자기*Suddenly Last Summer*』(1958)에서 세바스찬은 한 지역의 원주민 소년들에게 끔찍하게 살해당하면서 식인의 흔적으로 사라진다. 테런스 맥널리Terrence McNally의 『완벽한 가니쉬*A Perfect Ganesh*』(1993)에서 백인인 캐서린의 아들 월터는 흑인들로부터 집단 폭행을 당해 죽는다. 앙 리Ang Lee 감독의 〈브로크백 마운틴Brokeback Mountain〉(2005)에서 에니스는 잭이 여러 명의 남성으로부터 집단 구타를 당하면서 죽는 장면을 상상한다. 실존 인물인 윌리엄스나 작품 속의 인물들인 세바스찬, 월터, 잭은 모두 동성애자로 이들은 '동성애자 학대gay bashing'의 희생자들이다.

미국 사회에서 여성, 흑인, 유색인종, 유대인, 이슬람교도 등 적지 않은 특정 계층의 사회 구성원들은 그들의 성이나 인종, 종교적 정체성으로 오랜 시간 편견과 차별을 경험해 온 희생자들이었다. 미국과 일부 이슬람권 국가들과의 정치적 갈등은 지금도 이슬람교도들이 겪는 편견과 차별의 이데올로기를 적나라하게 드러내고 있지만, 미국에서 역사적으로 오랫동안 정치, 사회, 문화의 논쟁거리가 되어 왔던 여성의 인권 문제나 인종차별, 반유대주의에 대한 논쟁은 이론적으로 더는 과거와 같은 설득력을 보여 주지는 않는다. 그러나 위에서 언급한, 그동안 사회에서 차별을 받아왔던 대상들로부터도 똑같은 목소리로 비난을 받는 사회 구성원들이 있는데 동성애자들이 바로 그들이다.

이런 맥락에서 볼 때 모든 대상에 대한 편견과 차별이 다 사라지고 나서야 동성애자에 대한 혐오가 사라질 것 같기도 하다. 이 말은 동성애 혐오는 사라지지 않을 것이라는 이야기인데, 그중에서도 남성 동성애자가 동성애 혐오의 오랜 주요 표적이 되어 왔다. 여성 동성애자인 레즈비언은 여성으로서 긴 시간 동안 보이지 않는 존재였기 때문이기도 하고 동시에 레즈비어니즘이 여성 인권을 위한 운동의 일환으로 인식되고 있기 때문이기도 하다. 왜 동성애자들을 혐오하는지에 대한 대답은 어렵지 않게 생각해 볼 수 있다. 번 폰Byrne Fone에 따르면 동성애와 동성애자가 소위 자연스럽다는 개념으로 만들어진 기존의 섹스와 젠더의 질서를 파괴하고 있으며 역사와 종교적 교리에 의해 만들어지고 유지되고 있는 사회, 법, 정치, 윤리, 도덕적 질서를 동성애자들이 어지럽히고 있기 때문이다(5).

동성애 혐오에 대한 정확한 근거가 무엇이든 간에 1990년대 초에 대중화되기 시작한 '퀴어Queer' 문화는 게이나 레즈비언 정치학에 긍정적 시선을 불러일으켰고 이는 많은 발전적인 가능성을 보여 주기도 했으나 그에 못지않은 한계를 보여 주기도 했다. 애너매리 야고스Annamarie Jagose에 따르면 몇십 년 동안 동성애자로서 뚜렷한 정체성을 가지고 있다고 생각하는 게이나 레즈비언들이 자신들의 정체성에 의문을 제기하는 것은 쉽지 않은 일이며 게이나 레즈비언의 정체성을 퀴어화하면 정치적으로 무관심한 정적주의에 빠진다고 한다(102–03). 부분적인 이유가 되겠지만 이러한 이론에 대한 동성애자들 사이의 견해 차이와 기존의 전통적인 성역할 모델의 지배적인 가치 구도로 퀴어는 가속화되지 못하고 성적 소수자들에 대한 차별은 근본적으로 바뀌지 않고 있다.

본 글에서는 동성애에 대한 사회 수용의 반응을 시간의 흐름 속에서 조망하기 위해 1950년대 작품인 로버트 앤더슨Robert Anderson의 『불행한 사람에 대한 호의*Tea and Sympathy*』(1953)와 1960년대 작품인 마트 크로울리Mart Crowley의 『보이즈 인 더 밴드*Boys in the Band*』(1968)를 2000년 이후의 두 작품 리처드 그린버그Richard Greenberg의 『나를 데려가 주세요*Take Me Out*』(2002)와 더글러스 카터 빈Douglas Carter Bean의 『작은 개가 웃었다*The Little Dog Laughed*』(2006)와 주제별로 비교, 분석해 동성애 혐오 문화의 여러 모습을 고찰하면서 동성애 혐오의 사회적 역할과 효과를 논의해 보겠다.

2. (질)병으로서의 동성애

'호모섹슈얼homosexual'이라는 단어는 1869년에 처음 사용됐다고 알려져 있는데[20] 미셸 푸코Michel Foucault에 의하면 1870년 카를 프리드리히 오토 베스트팔Carl Friedrich Otto Westphal의 논문 「상반된 성감들contrary sexual sensations」을 통해 '동성애homosexuality'의 심리학적, 정신의학적, 병리학적 범주가 확립되어 동성애가 성관계의 한 유형이 아니라 '성적 감성sexual sensibility'의 한 특성으로 관찰되었다(Jagose 10). 시기적으로 이전에는 종교나 법의 관점에서 '동성 간의 성행위same-sex sex acts'에 초점이 맞춰져 감시되던 동성애가 당시 섹슈얼리티에 대해 증가하는 의학적 관심으로 정체성의 한 영역이 되었다.[21] 기 오캉갬Guy Hocquenghem은 특히 기독교 사상의 지배를 받아 오고 있는 서구 사회는 오랜 시간 동안 남성 동성애자인 게이에 대해 '편집증적인 적의paranoid hostility'를 보여 오고 있지만, 현대적 의미의 동성애 혐오 원인은 비교적 최근에 생겼다고 한다.

> [동성애 혐오에 대한] 20세기 관점을 지배해 오고 있는 초기 관념, 특히 동성애를 질병이나 병("의학적 모델")으로 보는 관점의 출현과 동성애는 부패한 유전형질이나 더러운 환경에서 기인하는 특별한 한 개인의 "상태"를 나타낸다는 관점이 나타난 것은 19세기 말이었다. (Hocquenghem 24)

현대적 의미의 정신병학과 정신병원의 탄생 시기인 19세기 말부터 다양한 의학적 담론 속에서 동성애가 단순한 '남색자sodomite'가 아니라 한 개인의 정체성이 되어 내러티브의 주체가 되었다는 것은 오캉갬의 논리에 따르면 "동성애는 질병분류학, 병리학, 신경증 기제, 발병학 등의 영역에 남아 있어야만 했다"(60)라는 것을 의미한다. 이러한 의학적 담론이 동성애자를 질병이나 병에 연관 지어 사회적 적의를 끌어냄으로 동성애자에게 동성애자라는 또 다른 죄의식을 내재화시키고 있다는 것이다.

에이즈가 게이와 관련된 전염병이라는 이데올로기와 마찬가지로 성병과 이데올로기는 늘 붙어 다녔다. 그리하여 에이즈에 많은 은유가 만들어진 것처럼 매독에도 같은 은유가 만들어졌는데, 이는 매독이 혐오스럽고 인과응보적일 뿐만 아니라 공동체에 퍼져 나간다는 것이다(Sontag 134). 동성애자들이 동성애를 전염시키듯이 성적으로 문란한 동성애자들이 매독과 같은 성병을 전염시킨다는 통념은 성병의 은유를 통해 동성애자를 바라보게 하였다. 범죄자의 영역에서 다뤄지던 동성애자에 대한 관념은 깊고 넓어져 이런 육체적 질병과의 연결뿐만 아니라 정신병적인 측면에서도 관찰되면서 동성애자들의 죄의식을 더 깊게 만들었다. 1952년부터 동성애를 정신질환으로 규정하던 미국 정신병학회는 1974년에 『정신장애의 진단 및 통계편람*Diagnostic and Statistical Manual of Mental Disorders*』 2판(1968, DSM－II)을 일부 개정하면서 동성애를 정신질환 목록에서 삭제했으나 일반인들의 정서에는 변함없이 동성애가 정신병이나 신체적 병과 연관되어 있어 동성애는 지금까지 (질)병의 개념으로도 인식되고 있다.

여기서 1950년대를 배경으로 게이를 정신병자 관점에서 접근한 토드 헤인즈Todd Haynes 감독의 〈파 프롬 헤븐Far From Heaven〉(2002) 이야기를 해 보자. 부인인 캐시와 두 아이를 키우며 정상적인 이성애 가정을 즐기는 것처럼 보였던 프랭크는 자신의 성 정체성을 고민하다가 자신이 동성애자라는 사실을 밝히고 정신과 의사의 치료를 받게 된다. 받아들이기 싫지만, 선택의 여지 없이 프랭크는 당연히 자신을 정신병 환자로 인정하고 있다. 한편, 1969년에 일어난 스톤월 항쟁 전에 뉴욕 동성애자들의 삶을 처음으로 진솔하게 묘사한 작품으로 평가받기도 하면서 초연 당시 상당한 관심을 불러일으켰었던 『보이즈 인 더 밴드』에서도 마이클과 도널드가 프랭크처럼 정신병자로 살아가고 있다. 도널드는 뉴욕 근교에 살면서 매주 토요일 정신과 의사를 만나기 위해 뉴욕에 가게 되고 대학 시절 관계가 있었던 마이클의 아파트에서 하루를 묵는다. 뉴욕에 적응을 못하며 "아직 건강하지 못하다"(6)라는 말을 매번 되풀이하는 도널드는 자신의 우울증을 위해 의사의 진료를 꼭 받아야 한다는 강박 관념에 사로잡혀 있으며 이런 강박 관념은 사회에서 동성애자로 살아가면서 의무적으로 짊어져야 할 자기혐오와 패배 의식의 결과이다.

> 엄마가 나를 가장 사랑했던 때는 항상 내가 실패했을 때라는 것을 깨달았어. 완벽을 원했던 아버지를 언짢게 했기 때문이지. 목표를 이루지 못했을 때 엄마는 사랑으로 위로하며 행복해했지. 그래서 나는 엄마의 사랑을 얻으면서 실패를 확인하기 시작했어. 그리고 엄마의 사랑을 얻기 위해 일부러 실패하기 시작했어. 코넬 대학을 졸업도 못 했고 이곳에서 일할 수도 없었어. 나는 그냥 차고 위에 있는 방에 틀어박혀서 살기 위해서 마루를 청소하고 있지. 실패가 내가 편안함을 느끼는 유일한 것이야. 실패가 내가 집에서 배운 유일한 것이기 때문이야. (11)

어린 시절부터 사회가 요구하는 성역할을 만족시키지 못한 도널드는 기본적으로 자신을 사회의 낙오자라 단정 짓고 있다. 퍼즐 조각을 맞춰 나가는 자신의 삶에 있어서 다른 많은 조각이 자신이 동성애자라는 한 조각과 연결되어 있어 자신은 낙오자가 될 수밖에 없었으며 대학을 중퇴하고 지금은 일주일에 45달러를 벌기 위해 마루를 닦아 주고 있는 패배자로 길들여졌다는 것이다.

동성애자로서 사회의 모욕을 경험하며 만들어진 내재화된 자기혐오와 죄의식으로 도널드가 패배자가 되어 매사에 성공할 수 없다는 심리적 압박감에 시달리고 있는 것처럼 마이클 역시 정신분석의 희생자가 되어야만 한다. 실패한 영화 시나리오 작가로 빚에 허덕이고 있는 마이클도 현실을 계속 회피하며 이러한 자신의 삶을 혐오스러워하고 있는데, 마이클이 말하는 현실 회피의 이유는 도널드와 같다.

> 어떻든 너도 잘 알고 있잖아. 너와 같은 이야기야. 나도 엄마가 나를 제대로 성장하게 하지 않았어. 나를 어린애로 계속 키우기로 하고 그렇게 키웠어. 그리고 아버지는 개입하지 않고 엄마가 하는 대로 내버려 뒀지. (14)

도널드와 마이클 모두 자신이 동성애자가 된 원인을 어릴 적 가정환경에서 찾고 있는데 마이클은 어려서부터 엄마의 친구 역할을 하면서 엄마의 옷을 골라 주고, 엄마와 함께 미용실에 가고 아버지는 그에게 인형을 사주는 등 부모로부터 철저히 전도된 성역할을 강요받아 현실에 전혀 적응할 수 없었다는 것이다. 동성애자라는 죄책감과 자기혐오로 힘들어하는 마이클은 자신이 정상인이 아니라는 사회의 시선을 당연하게 받아들이고 있다. 물론 모든 동성애자가 자신의 성 정체성이 원인이 되어 사회의 낙오자가 되는 것은 아니고 이성애자들도 마이클이나 도널드와 같은 낙오의 경험을 할 수 있으나 중요한 것은 오캉갬이 말하는 것처럼 새로운 질병으로서의 동성애가 동성애자들을 신경증 환자와 편집증 환자로 만들었다는 것이다(60).

3. 남성성 결여에 대한 혐오

『보이즈 인 더 밴드』에서 해럴드는 대중 앞에 나서길 두려워하며 마리화나를 즐기고 마이클, 도널드, 래리, 행크는 공동 목욕탕이나 화장실, 게이 바에서 누군지도 모르는 상대방과 나눈 성관계 경험을 부담 없이 이야기한다. 이와 같은 동성애자들의 비도덕적이며 문란한 성생활이 확대, 과장되면서 동성애 혐오 원인의 바탕이 되기도 한다. 에머리가 "이건 불시 단속이다! 모두 체포한다!"(23)라고 소리치며 마이클의 아파트에 들어오는 모습은 동성애자들이 범법자로 분류되며 항상 감시를 받아야만 하는 상황을 재현하는 것으로 당시 동성애 혐오 문화의 한 단면을 보여 주고 있다. 이러한 상황을 연출하게 하는 동성애자들의 문란한 성생활이나 마약과 연관된 범법자의 상투적 이미지와 더불어 '게이는 여자와 같은 행동을 한다'는 근거가 부족한 사회의 통념도 동성애 혐오 원인의 한 부분이기도 하다.

'여자 같음effeminacy'이란 보통 여성을 연상시키는 행동이나 말투, 독특한 버릇, 여성의 성역할을 남성이 따라 할 때 쓰는 말이다. 특수한 상황이나 예외적인 문화가 있기는 하지만 일반적으로 동성애를 부정적인 시선으로만 접근하려 하지 않는 문화에서도 남성의 '여자 같은 행동effeminate behavior'은 긍정적으로 받아들여지지 않고 있으며 여자 같은 행동에 대한 혐오를 의미하는 "sissphobia"나 "effeminiphobia"와 같은 용어가 만들어지기도 했다. 이런 배경으로 여자 같은 행동을 하는 남성은 '남성적이지 못하다'라는 인식을 넘어 동성애자로 인식되기도 한다.

스톤월 항쟁 후에 여성과 같은 행동을 하는 게이들은 게이들 사이에서 주변화됐으나, 스톤월 항쟁 전에 동성애는 '여성 같은 행동'으로 받아들여져서 캠프camp, 드래그drag, 스위시swish가 강조되고 남성성을 보여 주는 게이가 동성애자들 사이에 주변화되기도 했었다. 이성애 남성들보다 게이들이 여자 같은 행동을 많이 한다고 하지만 여성 같은 행동은 게이들 사이에서도 상대적으로 드문 현상으로, 동성애에 대한 금기가 심할수록 이성애 보편성에 대한 환상은 더 높아지게 마련이다(Tripp 160). 이 말을 좀 더 확대하면 가부장적 이성애 사회에서 이성애 남성으로부터 기대할 수 있는 남성적인 행동에 대한 기대가 더욱 커지면서 여성 같은 행동을 하는 남성은 기존 질서를 붕괴하는 동성애자로 인식되고 사회로부터 부정적인 가치를 부여받게 되는 것이다.

『보이즈 인 더 밴드』에는 알란이 동성애 혐오 용어를 나열하면서 에머리를 구타하는 장면이 나온다. 이는 모든 사람을 여성 대명사로 호칭하며 앞치마를 두르고 파티에서 "내가 너의 윗옷을 입지 않은 칵테일 웨이트리스가 돼 줄게"(32)라고 말하는 에머리를 참지 못해 한 행동이다. 등장인물 중 알란을 제외하곤 대부분 모두 서로를 알고 있는 사이로 그들은 이미 에머리의 행동에 익숙하지만 초대받지 않았던 이성애자로 등장하는 알란에게는 파티 분위기 자체가 생소한 상황이다. 알란은 파티에 모인 동성애자들과 자신을 차별화시키기 위한 노력으로 결혼반지를 끼고 있는 전혀 스테레오타입화되지 않은 행크에게 관심을 두면서 "나는 저렇게 말하는 것을 참을 수 없어. 너무 거슬려… 그[에머리]는 게이 같잖아"(51)라고 소리친다. 알란에게 내재화된 동성애자에 대한 혐오가 여성스러운 행동을 하는 에머리를 향해 폭발한 것이다.

미국에서의 성 소수자 인권운동 역사를 부분적으로 간략히 살펴보면 1969년 스톤월 항쟁을 전후로 해서 '동성애자 운동the homophile movement'이 '게이 해방운동the gay liberation movements'으로 발전하게 된 것을 확인할 수 있다. 이때 '동성애자 운동' 성향은 혁신적이라기보다는 보수적이기 때문에 '게이 해방운동'과 대조된다는 평가를 받고 있기도 하다. 두 운동의 차이를 나열해 보면, 먼저 '동성애자 운동' 단체들이 사회 변화에 관대한 태도를 보인 반면에, '게이 해방운동'은 현재 상황에 도전했다. '동성애자 운동'은 대중과의 관계 개선에 신경 쓰면서 주류 사회가 받아 줄 만한 동성애 이미지를 만들어 냈지만 '게이 해방운동'은 이성애자들의 눈치 보기를 거부하면서 '같음'보다는 '차이'를 강조하기도 했다. '동성애자 운동'이 '동화assimilation'를 옹호한 반면 '게이 해방운동'은 분명한 '게이 정체성gay identity' 개념을 강조했다는 차이도 있다. 두 운동에 연속성이 분명히 존재하지만 '동성애자 운동'과는 달리 '게이 해방운동'은 '게이 되기의 자부심pride in being gay'이라는 새로운 감각의 정체성을 만들어 내는 데 관심이 있던 것이다. 더불어 게이 해방운동은 1970년대 중반부터 에이즈가 유행하기 시작한 1980년대까지 '커뮤니티 정체성community identity'과 '문화적 차이cultural difference'를 강조한 '소수민족 모델 정체성the ethnic model of identity' 전략을 따르게 된다. 즉 평등을 요구하는 인권운동으로 자신들의 방향을 돌려 나간다. 시기에 따라 추구하는 방향은 다르지만, 호모/헤테로homo/hetero와 여성/남성의 역할이 명확히 구분된 섹스/젠더 시스템의 속박으로부터 자유로워지고자 하는 노력은 꾸준히 진행되어 왔다.[22] 이 말은 사회가 기대하고 요구하는 인위적인 성역할이 항상 있었고 이러한 기대에 부응하지 못한 구성원들은 어떤 형식으로든지 사회의 비난을 받게 된다는 것이다.

『불행한 사람에 대한 호의』는 사회에서 요구하는 남성성의 이데올로기가 일반인들의 인식에 어떻게 각인되어 있는가를 보여 주는 동시에 사회가 일방적으로 설정한 게이에 대한 스테레오타입 중 남성성의 결여는 정상(이성애자)이 아닌 비정상(동성애자)이라는 일반화된 인식에 도전한다. 사건의 발단은 톰이 잘생긴 교사 해리스와 나체로 수영을 한 장면이 목격되면서부터다. 그러나 톰이 주위의 동료들이나 교사, 자신의 부모로부터 정상적이지 않다고 의심받고 톰 자신도 그러한 눈길을 의식하게 된 결정적인 이유는 톰의 룸메이트인 알이 학교 교장 빌의 부인인 로라에게 말하는 것처럼 남성적이지 않다고 인식되는 그의 외모와 행동에 있다.

> 글쎄요. 친구들이 말하는 것처럼, 이해하시겠지만, 그[톰]는 가볍게 걸어요. 가끔 그가 하는 행동이나… 그가 말하는 것들… 항상 머리도 길고, 음악을 좋아하고. (422)

다른 남자애들처럼 운동을 좋아하지 않고, 기타를 치고 음악을 들으며 포크송 가수가 되길 원하고, 연극에서 여성 역할을 줄곧 맡아 하고, 여자처럼 인사하기도 하고, 여자 친구도 없고 춤도 못 추는 톰을 친구들은 그레이스[23]라고 부른다. 바로 톰이 사회가 기대하고 있는 정상적인 성역할을 못하고 있기 때문이다.

톰도 자신이 정상적인 모습이라고는 생각하지 않는다. 그래서 알에게 남자같이 걷는 법을 배우고 창녀인 엘리를 찾아가 자신의 남성성을 시험해 보기도 하지만, 톰이 발견한 결과는 "난 남자가 아닙니다. 엘리가 알고 있어요"(462)이다. 이것은 톰이 자살을 시도한 이유다. 그러나 톰이 이성애자라는 사실을 앤더슨은 극의 곳곳에서 보여 주고 있다. 로라가 그 역할을 하고 있다. 로라는 톰과 같은 나이인 18세에 전쟁에서 죽은 자신의 첫 남편이 톰과 같다는 이야기를 한다. 첫 남편은 자신이 겁쟁이로 보이는 것이 두려워 얼마나 용감한지를 보여 주고 자신이 남자라는 것을 증명하기 위해 어린 나이에 죽었다고 한다. 자신의 첫 남편과 같은 모습을 톰에게서 발견한 로라는 톰을 보호해 주고 싶었을 것이다.

로라가 톰이 연극에서 입을 티즐 부인Lady Teazle[24]의 옷을 만들어 주며 옷의 사이즈를 물을 때 톰이 당황하며 로라의 가슴을 쳐다보는 장면이 있는데 존 클럼John Clum은 이 장면을 통해 톰이 복장도착transvestism보다는 로라의 가슴에 관심이 더 있다(118)라고 설명하면서 톰을 이성애자라 확신한다. 로라 역시 톰이 정상적인 남성임을 확신하고 엘리가 아니라 자신을 통해 톰이 남성임을 증명하기를 바라며 극의 마지막에서 자신의 몸을 허락하기도 한다. 로라의 이러한 노력은 오히려 "여성은 분간할 수 없지. 그러나 남자는 누가 동성애자인지 알아"(420)라고 말하는 미국의 전형적인 남성상인 현재의 남편 빌이 동성애자가 아닌지를 의심하게 한다.

> 당신을 사랑했었죠. 그러나 겉으로 드러난 당신의 남성성 때문이 아니라, 당신이 나를 필요로 했기 때문이죠… 왜 나와 결혼했죠, 빌? 당신은 결코 나와 결혼하길 원하지 않았죠… 교장이 되려고 결혼했나요? 당신은 남자애들과 당신 방에서 식사를 함께하고 자유토론을 하면서 그들과 함께 소풍을 가는 게 더 행복했을 겁니다. (459)

로라는 빌이 자신과의 육체적, 정신적 접촉을 의도적으로 피하고 있다고 지적하며 테네시 윌리엄스의 『욕망이라는 이름의 전차*A Streetcar Named Desire*』(1947)에서 알란이 블랑시에게 도움을 바라는 것처럼 빌이 교장이 되기 위해 그리고 자신의 성 취향을 감추기 위해 자신을 필요로 했다고 말한다. 로라의 질문에 빌은 침묵을 통해 톰이 게이라고 확신하지만, 로라는 오히려 "남성들은 누가 남성인지 알 수 있다고 생각하지만, 오직 여성만이 누가 남성인지 알 수 있어요"(459)라고 말한다. 빌은 자신이 인정하기 싫어하던 자신의 동성애 성 취향을 톰이라는 희생양을 통해 제거하여 죄의식과 자기혐오의 정신적 고통을 정화하고 싶었던 것이다. 로라는 "뽐내며 걷고swagger", "거친 말을 하고swearing", "등산mountain climbing"을 즐기는 성향이 남성성을 의미하고 있지만, "다정함tenderness", "상냥함gentleness", "배려consideration"로도 남성성이 표현될 수 있다(459)고 강조하는데 이는 이성애 남자는 남성적이고 게이는 여성적이라는 성 취향과 젠더의 일반적인 등식 체계를 전복하고 있다.

4. 마조히즘적 자기혐오

『보이즈 인 더 밴드』에서 뉴욕에 있는 마이클의 아파트는 도시를 배경으로 중산층의 게이들이 모이는 장소이기도 하다. 한 배우자에게만 만족해야 한다는 이성애 결혼 개념을 거부하며 많은 섹스 파트너를 원하는 다른 사람들의 생활 방식도 존중해야 한다고 말하는 자신의 성 정체성에 자부심을 가지고 있는 래리도 있으나 이 그룹 구성원들의 면면을 살펴보면 이들은 자신을 사회의 부적응자로 보고 정신치료를 받고 있으며, 죄의식으로 종교 생활을 하고, 사회로부터 치욕을 받으면서까지 여성 같은 행동에 편안해하고 있다. 즉 이들은 동성애자들에 관한 법과 종교가 만들어 놓은 인식 구조와 의학이 만들어 놓은 진단을 그대로 여과 없이 수용하며 자기혐오로 괴로워하고 있다. 이런 이유로 내재화되었거나 밖으로 표출된 동성애자들의 자기혐오는 "동성애자들은 [스스로 사회의] 비난을 찾아내서 그 비난을 그의 마조히즘으로 보고 있다"(Hocquenghem 61)라는 정신분석의 주장을 근거 있게 만들고 있다.

『보이즈 인 더 밴드』에서 마이클이 고안해 낸 게임인 '마음속의 정사the Affairs of the Heart'에서 마조히즘적인 자기혐오의 한 예를 볼 수 있다. 이 게임은 자신이 생각하기에 살아오면서 진심으로 사랑한 사람에게 전화를 걸어 사랑한다고 말해야 하는, 누구도 하고 싶지 않았던 게임이다. 흑인인 버나드는 자신의 엄마가 가정부로 일했던 백인 가정의 아들인 피터에게 전화한다. 어린 시절부터 알고 지내 오면서 하룻밤 함께 낭만적인 시간을 가졌었고 지금은 세 번째 부인과 별거하고 있는 피터에게 사랑한다고 말하려 했으나 데이트를 위해 외출 중이라는 피터의 엄마의 대답에 전화를 끊고 버나드는 자신의 행동을 후회한다. 에머리는 자신을 게이라고 모든 사람에게 말해 버린 고등학교 선배 델버트에게 전화하지만 에머리는 자신의 이름을 말하지 못하고 델버트는 전화를 끊어 버린다. 행크는 래리와 같이 사용하고 있는 자동 응답기를 통해 래리에게 사랑한다고 말하고 래리는 자신이 밝힌 생활 신념에 따라 다른 사람에게 전화하려 하나 결국은 아파트에 있는 다른 전화기로 행크에게 사랑한다고 말한다. 알란은 마이클의 예상과는 달리 자신의 부인에게 전화한다. 행크와 래리, 알란의 경우는 달리 생각해 볼 수 있으나 문제는 상대방의 반응을 충분히 예상할 수도 있는 상황에서 버나드와 에머리가 확인된 이성애자에게 전화해 그들의 반응을 기다려야만 하는 데 있다. 인종과 성 정체성의 차이에도 불구하고 버나드가 노력한 결과는 '자존심'과 '위엄dignity'에 상처를 입는 것이다. 에머리는 자신을 '아무도 아닌 사람', '보잘것없는 사람nobody'으로 소개하고 상대방으로부터 잘못 걸린 전화라는 대답을 듣는다. 자존심을 박탈당한 버나드나 자신의 이름을 말할 수도 없는 에머리는 게임을 통해 자신이 이성애자와는 소통할 수 없는 위치에 있다는 사실을 다시 확인했을 뿐이다.

클라이브 반스Clive Barnes는 『보이즈 인 더 밴드』가 현실을 수용해 가식을 파괴하는 상황을 보여 주고 있는데, 그러한 목적을 달성하기 위해 잔인하면서도 심한 비난이 있는 기지wit를 마구 퍼붓는 등장인물을 사용하고 있으며 희생자들은 호되게 당하지만 박해자도 역시 희생자가 된다고 말한다(5). 끊었던 술을 다시 마시면서 공격적이고 무례하다시피 행동하는 마이클은 버나드와 해럴드에게 인종차별과 반유대주의의 조롱 섞인 언행을 하고 에머리의 여성스러운 행동을 혐오하며 스스로 동성애자를 비하하는 발언을 한다. 그리고 생일 파티에 모인 친구들에게 치욕을 안겨 주는 게임을 만들어 강제로 참여시킨다. 그 결과는 현실세계의 당연한 반응뿐이었다. 즉 그들은 현실을 확인하는 게임에 참여해 자학을 즐긴 결과를 받았을 뿐인데, 해럴드는 마이클의 게임에 대해 정확한 비난을 한다.

> 넌 불쌍하고 애처로운 애야. 넌 동성애자인데 그렇지 않길 원하지.

그런데 그렇게 해 보려고 해도 네가 할 수 있는 게 아무것도 없어. 신에게 기도해도 안 될 거고, 평생 정신치료를 받아도 안 될 거야. 네가 필사적으로 원한다면 언젠가 이성애자의 삶을 알 수도 있을 거야. 네가 동성애자를 부정하고 싶어 하는 열정으로 이성애자 삶을 추구한다면 말이야. 그런데 넌 동성애자야. 항상, 마이클. 항상. 넌 죽는 날까지 동성애자야. (125)

모두가 떠난 후 마이클은 공포에 떨며 도널드가 건네준 정신 안정제에 의존하면서 "만일 우리가 이렇게까지 우리 자신을 혐오하지 않는다면"(128)이라고 절망하고 결국 자기혐오를 할 수밖에 없는 자신의 현실을 인정한다. 마이클의 게임을 통해 버나드가 자존심과 위엄을 잃은 것처럼 마이클 역시 자기혐오의 희생자가 된 것이다.

5. 커밍아웃의 의미와 현실

동성애자homophile 운동의 전략과는 달리 게이 해방운동liberationist의 전략은 동성애 정체성의 대중적인 인지도를 높이고 전문 분야의 의견을 불신임하는 것으로, 이러한 전략들은 동성애에 대한 정신분석학적 그리고 의학적 모델에 대해서뿐만 아니라 동성애에 대한 많은 편견에 도전하기 위해서 사용되었다. 해방운동 모델이 추구한 정치화된 정체성으로서의 동성애에 대한 확신은 커밍아웃의 강조로 가능하다고 여겨졌고 따라서 게이 해방운동가들은 사회 변화의 강력한 수단으로 자신의 동성애 성 정체성에 대한 분명한 대중적 선언인 커밍아웃 내러티브에 힘을 실었다(Jagose 38). 커밍아웃을 통해 자신이 동성애자라는 사실을 다른 사람들에게 알림으로써 자신의 성 정체성에 부합하지 않는 반동성애 행위에 예속되지도 않고, 커밍아웃하지 않았거나 자신의 동성애 성향에 확신하고 있지 않은 사람들이 다른 사람들도 동성애자라는 사실을 확인하면서 자신의 성 정체성을 즐길 수 있다는 것이다.

인권운동 전략의 일환이든 아니면 단순히 자신의 성 정체성에 충실해지려 하든 커밍아웃은 철저히 본인의 의지에 달려 있다고 볼 수 있는데 『보이즈 인 더 밴드』와 『작은 개가 웃었다』, 『나를 데려가 주세요』에서 커밍아웃 담론이 어떻게 묘사되고 있는지 살펴보기로 하겠다.

『보이즈 인 더 밴드』에서는 자신이 이성애자인 줄 알고 지내다 대학 졸업 후 커밍아웃을 한 마이클이 알란에게도 커밍아웃의 기회를 주기 위해 동료들이 그렇게 반대하던 '마음속의 정사' 게임을 강행했다는 해석을 해 볼 수도 있다. 마이클은 알란에게 '커밍아웃하지 않은 동성애자a closet queen'의 의미를 확인시키며 게임 중 알란이 저스틴에게 전화하기를 기대한다. 당시 마이클이 저스틴으로부터 확인한 이야기는 동성애자인 저스틴이 대학 시절 알란과 여러 번 잠자리를 같이했다는 것이었다. 이에 단지 저스틴과 친한 친구 사이였음을 강조하는 알란은 저스틴이 거짓말을 했다며 저스틴이 자신을 파트너로 원했고 그를 측은하게 생각은 했지만 역겨워서 헤어졌다고 말한다. 그러나 마이클의 해석은 다르다. 마이클에 따르면 저스틴과 알란은 잠자리를 함께하면서도 자신들이 게이라는 사실을 받아들이지 않고 서로 그냥 친한 친구 사이라고 합리화했다. 그러는 동안 저스틴은 자신이 동성애자임을 인정했으나 알란은 자신이 동성애자라는 사실을 받아들일 수 없어서 저스틴과의 관계를 끝냈다는 것이다. 마이클은 이어 저스틴은 왜 알란이 자신과의 관계를 끊었는지 이해하지 못하며 심한 상처를 입었다고 말한다.

저스틴이 마이클에게 전한 말이 사실이라면, 초대받지 못한 게이들의 파티를 역겨워하면서도 계속 자리를 지키고 있는 알란은 그들의 모습을 보며 자신이 게이라는 사실을 인정하고 싶지 않지만 내심 그들과 하나라는 것을 즐기고 있었다는 것이 된다. 울면서 마이클에게 뭔가 말하고 싶어 했던 알란은 결국 부인에게 전화해 사랑한다고 말한다. 커밍아웃으로 인한 사회의 시선과 도널드나 마이클과 같은 정신질환자로 사는 삶을 견딜 수 없었기 때문에 알란은 그냥 정상적인 사람으로 남아 있기를 원했을 것이다.

『작은 개가 웃었다』에서의 미첼도 커밍아웃의 기회를 포기하고 알란과 같이 이성애자의 삶을 선택한다. 이때 할리우드의 유명배우인 미첼에게 이성애자가 되느냐, 동성애자가 되느냐의 성 취향 문제는 단순히 한 개인의 선택의 문제가 아니다. 그가 커밍아웃으로 인해 자신에게 돌아올 불이익 때문에 자신의 성 정체성에 솔직하지 못했기 때문이다. 미첼의 에이전트인 다이안이 관객에게 "동성애의 대단치 않은… 되풀이되는 문제로 힘들어하는 떠오르는 젊은 영화배우인, 나의 고객"(9)으로 소개하는 미첼은 콜 보이 알렉스를 만나면서 자신의 성 정체성에 혼란을 느낀다. 알렉스는 엘렌이 여자 친구라는 사실을 부정하기도 하지만 자신은 여자 친구도 있고 동성애자는 아니지만 돈을 벌기 위해 남성과 잠을 잔다고 말한다. 미첼은 알렉스를 사랑하게 되고 "자신들이 원하는 것을 무엇이든지 할 수 있는 유일한 사람들은 백인, 상위 중산계급, 이성애자, 보수주의자, 개신교도인들 뿐이다"(20)라는 사회 현실을 잘 알고 있으면서도 대중들 앞에 알렉스와 함께 나설 생각을 한다. 그러나 미첼의 어떻게 보면 순수한 커밍아웃 의도는 다이안에 의해 저지당하는데, 다이안은 무슨 생각을 하고 있는 것일까?

동성애를 주제로 하는 게이극 작가의 작품을 영화화하는 권리를 만들어 낸 다이안은 영화에 미첼을 출연시키려 계획하고 미첼은 커밍아웃하려 한다. 여기서 다이안이 미첼의 커밍아웃을 반대하는 이유는 두 가지다. 다이안은 여성들에게는 성적인 욕망을 불러일으키고 남성들에게는 질투를 유발하는 작품에 투자하려 하는데, 출연배우가 동성애자라는 사실이 알려지면 여성들은 성적인 욕망을 느끼지 못하고, 남성들은 배우에게 열등감이 아닌 우월감을 느끼리라는 것이다. 다른 하나는, 누구나 알고 있는 이성애자 배우가 영화에서 게이 역할을 맡아 하면 그것은 '고귀한noble' 것이지만, 게이 배우가 게이 역할을 하면 그것은 연기가 아니라 '자랑하는bragging' 것이기 때문에 전혀 상업성이 없다는 것이다. 미첼은 게이가 게이 역할을 하는 것이 당연하다고 생각했을 수도 있었을 텐데, 자신 역시 레즈비언인 다이안의 생각은 사회의 시선이 전혀 그렇지 않다는 것이다.

실비안 골드Sylvian Gold는 『작은 개가 웃었다』가 할리우드의 위선에 대한 풍자를 보여 주고 있다고 한다. 이는 할리우드가 동성애 문제에 역사적으로 상당히 비우호적이었다는 사실을 지적하는 말이다. 그리고 이러한 할리우드의 동성애 혐오 분위기에 편승해 자신의 영향력을 넓히기 위한 다이안의 계획은 너무나 정치적이다. 다이안은 미첼은 알렉스와 함께 지내며 영화배우로서의 명성을 원하고 엘렌은 이성애 가정의 부유한 삶을 원하고 있다는 상황을 교묘히 이용한다.

> 제안할게요. 엘렌과 미첼이 결혼하면 그들은 여러 면에서 이상적인 부부가 될 거예요. 모든 사람이 그들을 사랑할 거예요. 곧 이 사랑스러운 부부는 아이를 가지게 될 거고요. 그들은 모든 잡지의 표지 모델이 될 겁니다. 아기는 예쁘겠죠. 알렉스와 미첼의 피부색이 비슷해서 아기는 미첼을 닮을 겁니다. 미첼, 당신은 프랜차이즈를 갖게 되고 알렉스를 계속 만날 수 있을 겁니다. 알렉스를 개인 비서나 필라테스 강사로 생각하세요. (48)

배우로서 성공하려면 동성애자가 아닌 이성애자가 되어야 하므로 미첼은 다이안의 계획에 따른다. 그리고 알렉스와 엘렌 아이의 아버지가 되어 엘렌과의 이성애 가정생활을 공개하면서 이성애자의 길을 택한다. 다이안의 의도대로 커밍아웃을 포기한 미첼은 결국 또 다른 알란의 모습이 되었지만, 주목할 점은 알란과는 달리 미첼은 자신이 동성애자라는 사실에 최소한 죄책감을 느끼거나 자기혐오로 괴로워하지는 않고 있다.

성 정체성 문제뿐만 아니라 인종, 출신 지역, 경제적 계층과 같은 미국의 고질적인 사회문제를 복합적으로 다루고 있는 2003년 토니 연극 부분 최우수작품상Tony Award for Best Play 수상작인 『나를 데려가 주세요』에서는 미국의 메이저리그 팀에 있는 선수가 커밍아웃했을 때 어떤 상황이 발생할지를 보여 주고 있다. 중산계층의 백인 아버지와 흑인 엄마 사이의 혼혈아지만 결코 인종차별을 당해 본 적이 없는 다렌은 뉴욕에 연고지를 두고 있는 야구팀 엠파이어즈Empires가 월드시리즈를 2연패 하는 데 큰 역할을 한 슈퍼스타로 이상적인 팀에서 팬들의 사랑을 받고 있는 야구선수다. 팀의 동료이며 극의 내레이터인 키피가 지적하는 것처럼 미국에서 인종에 대한 편견이 없는 분야에서도 "특별한 존재"(9)인 다렌은 어느 날 커밍아웃을 한다. 다렌의 커밍아웃 이유는 『보이즈 인 더 밴드』에서 마이클이나 도널드와 같은 동성애자들이 사회에서 경험하면서 고민하는 동성애 문제를 정치적으로 담론화해 보겠다는 의도는 일단 아니다.

다렌의 성 취향에 대한 소문이 꾸준히 있었던 것도 아니고 다렌 스스로 커밍아웃을 계획해서 준비하진 않았으나 다렌은 데이비가 속한 팀을 이긴 날 밤에 데이비를 만나고 일주일 후에 커밍아웃하게 된다. 흑인이면서 다렌의 가장 친한 친구인 데이비는 야구에 있어서 자신들의 재능은 비슷하나 다렌이 좋은 팀에서 선수 생활을 하기에 야구 경력에 있어서 다렌이 더 행복하다고 주장한다. 그러나 종교 생활을 하며 큰 문제 없이 이성애 결혼 생활을 하고 있는 데이비는 개인 삶에 있어서는 자신이 더 행복하다고 한다.

너는 뭔가 비밀스럽고, 재치가 있기도 하면서 신비스러워. 이게 너의 분위기야. 예의가 바르지만 화를 나게 만들기도 하지. 너의 매력이야. 그런데 네가 누군가를 사랑하기 전까지는, 내가 무슨 이야기 하는 줄 알겠니? 넌 너의 진정한 본질을 알지 못할 거야. (20)

다렌의 성 정체성을 알고 한 이야기는 아니나 데이비는 "신비스러운"이라는 표현을 하며 사랑하고 있는 여자 없이 아직 혼자 있는 다렌에 대해 걱정하는 마음으로 진정한 자신을 보여 주어야 한다고 충고한다. 데이비의 진정한 자신을 보여 주라는 말에 다렌은 데이비가 자신을 이해하고 있다고 판단하고 커밍아웃을 하게 된다.

『작은 개가 웃었다』에서 미첼은 커밍아웃 후에 자신에게 어떤 결과가 발생할지를 계산하지 않고 커밍아웃을 생각했지만, 다렌은 자신의 팀 내에서의 입지나 팬들의 사랑으로 인해 커밍아웃한다 해도 자신의 위상에 문제가 발생하리라고는 생각하지 않는다. "신이 자신을 신으로 만들었다"라거나 "그렇지 않다면 신이 자신에게 신과 같은 속성을 부여했다"(17)라고 말하는 다렌은 자신의 재능과 사회에서의 영향력에 자만심을 보이기도 하면서 성 정체성으로 고민하는 청소년들이 자신의 커밍아웃을 보고 힘을 얻어 그들이 꿈을 이룰 수도 있을 거라고 생각한다. 다렌이 고양된 '게이 의식gay consciousness'을 가지고 있다고 생각할 수 있는 부분이다. 사실 커밍아웃 후에 다렌은 자신이 출현하고 있는 광고가 새벽 두 시에 방영됐다는 이야기를 듣기도 하고 자신이 게이이기 때문에 게이인 메이슨이 새로운 투자 상담원으로 배정됐다고 생각한다. 그러나 작품 속 다렌의 커밍아웃 자체가 사회의 커다란 논쟁거리가 되어 대중들로부터 비난을 받지는 않는다. 데이비와 마찬가지로 다렌과의 우정이 남다른 키피는 다렌에게 "이제 너는 정말로 행복할 거야. 너 자신을 알렸잖아, 다렌. 너 자신을 표현한 거야. 네가 자유롭다는 거야"(13)라고 말하며 신 같은 존재에서 인간이 됐다며 다렌의 커밍아웃에 의미를 부여한다. 자신이 다렌을 "만들어 냈다"(12)라고 생각하며 솔로몬의 지혜를 가지고 있다고 알려진 팀의 매니저 스키퍼도 다렌의 커밍아웃으로 어떤 변화가 발생하리라고는 생각하지 않는다.

팀 구단의 입장이 부정적이지 않고 오히려 다렌이 만들어 놓은 새로운 분위기에 팀의 다른 선수들이 적응해야 하는 상황에서 물론 다렌은 예상하지 못했던 갈등과 사건을 경험하게 된다. 데이비의 진정한 자신을 보여 주라는 말에 다렌은 데이비가 자신을 이해하고 있다고 판단해서 커밍아웃하지만 다렌은 데이비의 말을 오해했고 커밍아웃 후 처음 엠파이어즈의 클럽하우스에서 만난 둘은 심한 격론을 벌이게 된다. 둘 사이의 입장 차는 확연하다. 다렌은 데이비의 동성애 문제 인식에 대한 뒤떨어진 시대 감각을 지적하고 데이비는 종교적 견해를 대변한다.

> 우리는 모두 *악마의 본성*을 가지고 있지. 우리 중 일부는 너보다 덜 혐오스러운 악마적 본성을 가지고 있지. 그러나 우리는 그것들을 드러내지 않아! 우리는 악마적 본성과 마음속에서 *싸우면서* 세상에 좋은 것만 보여 줘. 그 악마들을 다 살해하고 우리는 우리가 지금처럼 *되고자 하는* 모습이 *되는 거야*. 왜 이런 지저분한 모습을 보이는 거야? 왜 이런 추한 모습을 보이는 거야? (55)

"신성모독"과 "속됨", "추악함"이라는 단어를 구사하며 자신의 감정을 표출하는 데이비는 다렌에게 배신감을 느끼며 다렌이 자신의 육체를 위해 8년간 기다려 왔는지를 물어본다. 다렌은 데이비에게 동성애 문제에 대해 전혀 현대적이지 못한 사고방식을 갖고 있다고 말하지만, 데이비는 문명이나 "교화"라는 이름으로 사람들은 오히려 인간의 어두운 면을 드러내며 모든 가치가 좋은 방향으로 진화하지 않고 오히려 퇴화하고 있다는 자신의 신념을 폭발시킨다.

다렌은 개인적으로 데이비로부터 동성애 혐오에 대한 종교적 저주를 경험하고, 이후 키피가 말하는 것처럼 팀의 성적을 올리기 위해 더블 에이 유티카Double A Utica에서 마무리 투수 셰인이 오면서 이야기의 큰 사건이 벌어진다. 셰인이 미국 메이저리그 소속 애틀란타 브레이브스Atlanta Braves의 구원 투수인 존 로커John Rocker가 2000년에 한 스포츠 전문지와의 인터뷰에서 했던 것과 같은 발언[25]을 한 것이다.

> 내가 이 팀에 오게 됐는데, 참 재미있는 팀입니다. 참 우스운 친구들이 많아요. 내 말이 맞아요. 동양인들, 남미인들, 검둥이들 같은 유색인종은 괜찮아요. 그런데 *매일 밤* 게이와 샤워를 해야 하는 거요? 무슨 얘기 하는 줄 알죠? … 이해하겠어요? (30)

키피는 셰인이 능력 있는 선수임에도 불구하고 성장 과정에 문제가 있어 심리적으로 안정적이지 못하고 자신의 의사를 제대로 전달할 수 있는 지적 능력이 없음을 간파하고 도와주려 하나 셰인은 인종 문제, 지역 출신 문제, 성 정체성 문제 등을 건드리며 팀을 혼란에 빠뜨리는 발언을 하게 된다. 결국 셰인은 출전 정지 처분을 받지만 컴백 후 샤워실에서 다렌을 만난 셰인은 다렌의 존재를 불편해하고 다렌은 셰인의 동성애 혐오 반응을 불러일으키기 위해 셰인에게 육체적 접촉을 시도해 그를 놀라게 한다. 스트레스를 받고 있던 셰인은 무척 흥분한 상태에서 탈의실에서 나오며 누군가를 죽이겠다고 하고, 시합에 나선 셰인은 빈볼로 데이비를 죽게 한다. 자라 온 환경의 희생자인 셰인의 무지와 정신적 혼란으로 발생한 사건 때문에 데이비는 죽고 이에 연루된 다렌은 죄책감을 느끼게 된다. 그러나 여기서 작가인 그린버그는 이러한 데이비의 죽음을 통해 동성애 혐오에 대해 생각할 문제를 만들어 놓았다.

커밍아웃은 자신이 동성애자라는 사실을 인정하고 동성애자를 받아들이지 않겠다는 사회에서 동성애자로 살아가겠다는 의지를 보여 주는 고양된 '게이 의식'의 표현이다. 앞서 『불행한 사람에 대한 호의』의 빌과 『보이즈 인 더 밴드』에서 알란은 동성애자에 대한 사회의 가치판단을 그대로 수용하며 자기혐오에 빠져 자신을 동성애자로 인정하기를 거부하는 모습을 보여 주었다는 논지의 이야기를 했었다. 알렉스에게 "나 자신을 속일 수는 없어. 너와 함께 있고 싶어"(31)라고 말하거나 다이안에게 "이[커밍아웃] 문제는 내 문제입니다"(38)라고 말하는 미첼 역시 빌이나 알란과는 달리 사회의 동성애 혐오에 고민하거나 동성애자로서 자기혐오로 괴로워하지 않고 순수하게 자신이 알렉스를 사랑한다는 자신의 성 정체성 표현에 충실해지려 했지만, 결정적으로 다이안에 의해 커밍아웃을 포기하며 또 다른 알란의 길을 선택했다. 그러나 다렌은 자신의 성 취향을 다른 사람들의 문제가 아닌 자신의 문제로 바라보며 자부심을 느끼면서 커밍아웃을 선택한다. 비록 커밍아웃 후에는 친한 친구의 죽음과 주위의 반응에 힘들어하며 자신의 자존심 문제로 은퇴를 생각하기도 하지만 결국에는 커밍아웃 후에 발생한 상황을 잘 극복하고 월드시리즈에서 승리하며 메이슨과 파트너가 될 수도 있다는 해피 엔딩을 끌어내는 모습에서 다렌은 미첼보다 발전된 '게이 의식'을 갖고 있다고 말할 수 있다. 이러한 다렌의 자부심이 그를 오래전의 빌이나 알란, 그리고 사회제도에 숨어 버린 미첼과의 커다란 차이를 만들어 내고 있다.

사회에 깊이 뿌리내리고 있는 반동성애 정서에 더해 정치적으로 1950년대 매카시즘의 반동성애 정책의 결과로 태어난 『불행한 사람에 대한 호의』와 『보이즈 인 더 밴드』에 등장하는 동성애자들은 사회의 동성애 혐오와 동성애 공포, 동성애에 대한 무지에 그대로 노출되어 제도에 희생당한 '비정상인'들의 모습이었다. 하지만 이런 동성애자들에 대한 편견은 스톤월 항쟁 이후 동성애자 인권운동에 대한 방향이 생기고 다양성을 추구하는 시대 변화에 힘입어 이론적으로 근거를 잃어 가게 되었다. 그 결과 2000년 이후의 두 작품 『나를 데려가 주세요』와 『작은 개가 웃었다』는 '게이 의식'을 가지고 있는 다렌이나 미첼과 같은 자신의 성 정체성에 전혀 소극적이지 않은 동성애자를 만들어 내며 다렌을 커밍아웃시키기까지 했다.

작품에서 볼 수 있는 시대적 변화가 반영된 미국의 정치적 사건들이 있다. 2009년에 엘리트 군인으로 촉망받던 한국계 2세인 대니얼 최 중위가 커밍아웃한 후에 강제 전역을 명령받고 군대 내 동성애자에 대한 문제가 다시 한번 어수선한 적이 있었다. 그때 미국 대통령 버락 오바마Barack Hussein Obama는 자금 마련을 위해 거의 삼천 명이 모인 미국의 가장 큰 게이 지지 단체인 인권운동the Human Rights Campaign에 참석해 정확한 시기는 언급하지 않았지만 "묻지도 말고, 말하지도 말라Don't ask, Don't tell" 정책을 폐지하겠다고 발표했고, 2010년 12월 22일에 게이와 레즈비언의 군 복무를 막아 왔던 정책의 폐기 법안에 서명했다. 정부가 승인한 2등 시민으로 성적 소수자들을 취급하면서 많은 논란이 되어 왔던 법률이 미 상원에서 폐지가 확정된 것은 군대 내에서 인종차별이 없어진 것과 같은 역사적 사건으로 평가를 받고 있다. 이후 2013년 1월 20일 오바마는 자신의 두 번째 대통령 취임식 연설에서 역대 미국 대통령 중 처음으로 동성애자 인권에 대해 언급했고, 미국 연방 대법원은 2015년 6월 26일에 동성결혼이 합헌이라는 판결을 내렸다. 미국이라는 나라의 영향력을 생각해 보면 동성애자의 인권 문제에 대한 인식이 한 국가의 차원을 넘어 세계적으로 중요한 정치적 사안이 됐음을 알리는 사건들로, 이런 정치적 변화가 동성애자들에 대한 사회의 정서와 동성애자들의 인식에 어떤 영향을 미칠지 눈여겨봐야겠다.

인용 및 참고 자료

Anderson, Robert. "*Tea and Sympathy.*" *New Voices in the American Theatre*. New York: Modern Library, 1955. 377-463.

Barnes, Clive. "Theater: 'Boys in the Band' Opens Off Broadway." *New York Times*(April 15, 1968).

Beane, Douglas Carter. *The Little Dog Laughed*. New York: Dramatists Play Service, 2007.

Clum, John M. *Still Acting Gay*. New York: St. Martin's Griffin, 2000.

Crowley, Mart. *The Boys in the Band*. Los Angels: Alyson, 2003.

Fone, Byrne. *Homophobia: A History*. New York: Picador, 2000.

Gold, Sylviane. "Fresh From Broadway, Souls(and Sex) for Sale." New York Times. Web. 2 December 2010.
〈http://theater.nytimes.com/2008/02/10/nyregionspecial2/10theaterct.html〉.

Greenberg, Richard. *Take Me Out*. New York: Dramatists Play Service, 2004.

Hocquenghem, Guy. *Homosexual Desire*. Durham: Duke UP, 1993.

Jagose, Annamarie. *Queer Theory: An Introduction*. New York: New York UP, 2003.

Rich, Frank. "Gay Bashing at the Smithsonian." New York Times. Web. 27 January 2010.
〈http://www.nytimes.com/2010/12/12/opinion/12rich.html?ref=

frankrich〉.

Sontag, Susan. *Illness as Metaphor and AIDS and Its Metaphors*. New York: Picador, 1989.

Tripp, C. A. *The Homosexual Matrix*. New York: New American Library, 1975.

6장

—

아직도 달리고 있는 리스본 트라비아타라는 이름의 전차

○

윌리엄스가 보여 준 동성애 혐오의 사회 분위기나 게이 등장인물들의 자기혐오성 발언과 행동은 윌리엄스와 오랜 시간의 차이를 보이는 맥널리의 작품에서도 사라지지 않고 커다란 부분으로 자리 잡고 있다. 그러나 맥널리의 작품에서는 세바스찬의 죽음과 같은 극단의 부정적인 결말보다는 발전적이며 긍정적으로 사고하는 게이들에게 초점이 맞춰져 있다.

1. 하비 밀크의 정치적 의미

하비 밀크
(Author: Ted Sahl, Kat Fitzgerald, Patrick Phonsakwa, Lawrence McCrorey, Darryl Pelletier, 출처: 위키피디아)

미국 캘리포니아주의 동성애 결혼 반대 법에 대한 찬반 투표가 있기 얼마 전에 개봉된 구스 반 산트Gus Van Sant 감독의 2008년 영화 〈밀크Milk〉는 미국의 게이 인권운동가이며 정치가였던 실존 인물 하비 밀크Harvey Milk(1930–1978)의 열정과 죽음을 이야기하고 있다. 영화는 게이 바에서 경찰들에게 체포되어 차

스톤월 인(2016)
(Author: Rhododendrites, 출처: 위키피디아)

에 실려 가는 성 소수자들의 모습을 담은 1940-1960년대 영상 자료들을 소개한 후에 40살이 되던 해인 1970년에 밀크가 지금까지 살아온 자신의 삶에 만족하지 못하고 변화를 위해 뉴욕을 떠나 샌프란시스코의 카스트로the Castro Street에 정착하면서 게이 인권운동에 힘을 쏟게 되는 내용으로 전개된다. 시대 배경이 자세히 설명되진 않았지만, 밀크가 뉴욕을 떠나 카스트로로 향한 1970년이라는 시기는 미국에 있는 동성애자들에겐 중요한 상징적인 시간으로 당시는 스톤월 항쟁Stonewall riots이 발생한 1969년에 이어 밀크와 같은 동성애자들이 정신적인 탈출구를 발견해서 새로운 삶을 개척할 수 있는 정신적 근거를 확보한 시기였다.

여기서 스톤월 항쟁이란 뉴욕시의 그리니치 빌리지Greenwich

Village에 있는 성 소수자들이 스톤월 인Stonewall Inn이라는 한 게이 전용 술집을 불시에 단속한 경찰들을 공격한 사건이다. 랜디 쉴츠Randy Shilts는 이 항쟁에 대해 "1969년 6월의 마지막 주에 발생한 스톤월 사건에서 게이 해방운동이 탄생했다"(15)라고 단언했고 찰스 카이저Charles Kaiser는 스톤월 항쟁을 보스턴 차 사건Boston Tea Party의 1960년대 버전으로 해석하며 미국에서 동성애자들의 의식을 바꾼 가장 중요한 사건으로 서술하고 있다(205). 쉴츠와 카이저가 분명하게 해석해 주고 있는 것처럼 게이 아이콘인 주디 갈런드의 사망 후 얼마 지나지 않아 발생한 스톤월 항쟁은 이성애 이데올로기에 대한 일련의 저항으로 레즈비언, 게이, 양성애자, 트랜스젠더로 구분되는 성 소수자들이 내재화된 자기혐오를 극복하고 법적 지위를 얻기 위해 지금도 싸우고 있는 게이 해방운동의 마중물로 기록되어 있다. 그러나 역사적·정치적·사회적으로 중요한 상징성을 품고 있는 이 한 사건이 모든 동성애자의 의식을 한꺼번에 변화시킨 것은 아니다. 항쟁 후 적지 않은 동성애자들이 자신들의 성 정체성에 긍지를 가지며 커밍아웃을 시도했다고는 하지만 당시 동성애자 대부분은 여전히 자신들의 성 정체성을 숨기고 있었고 오직 소수만이 정치 활동을 하고 있었다. 또한, 구세대의 동성애자들은 진취적인 신세대들이 자신들의 동성애 정체성을 대중들 앞에서 과시하는 모습에 긴장하고 있었다. 이러한 동성애자들의 내재화된 갈등의 모습인 동성애 정체성 보여 주기와 숨기기의 구도는 현재까지 사회 가치와 충돌하면서 정치적으로 발전하고 있다.

본 글에서는 1970년대 이전에 인권탄압의 희생자로서 사회의 멸시와 감시를 받아야 했던 동성애자들이 스톤월 항쟁 후에 밀크와 같은 인물로부터 자신들의 성 정체성에 거부감을 보이지 않아도 된다는 희망을 품기 시작했다는 점에 주목한다. 그리고 스톤월 항쟁 전후 시대를 대표할 수 있는 두 게이극 작가 테네시 윌리엄스 Tennessee Williams(1911–1983)와 테런스 맥널리 Terrence McNally(1938–2020)의 주요 작품들을 분석해 두 작가가 미국 사회와 게이 사이의 함수관계를 어떻게 해석해서 풀어내는지를 추적해 보겠다.

글의 전개를 위한 윌리엄스의 작품으로는 『유리동물원 *The Glass Menagerie*』(1945), 『욕망이라는 이름의 전차 *A Streetcar Named Desire*』(1947), 『뜨거운 양철 지붕 위의 고양이 *Cat on a Hot Tin Roof*』(1955), 『지난 여름 갑자기 *Suddenly Last Summer*』(1958)가 분석되고, 맥널리의 작품은 『리스본 트라비아타 *The Lisbon Traviata*』(1989), 『입술은 다물고, 이는 벌리고 *Lips Together, Teeth Apart*』(1991), 『사랑! 용기! 연민! *Love! Valour! Compassion!*』(1994)이 분석될 것이다.

2. 테네시 윌리엄스와 테런스 맥널리 작품 비교

더글러스 아렐 Douglas Arrell은 테네시 윌리엄스와 아서 밀러 Arthur Miller를 비교하면서 1950년대 이후 밀러보다 평가에서 뒤졌던 윌리엄스의 위치가 1990년대에 들어와 새로운 평가를 받으며 밀러보다 더 많은 관심을 받고 있다고 지적한다. 그리고 그 이유를 밀러의 극이 결국에는 젠더와 섹슈얼리티의 헤게모니 구조를 고착시키

테네시 윌리엄스(1965)

고 있는 반면에 윌리엄스의 작품은 그러한 구조를 해체하고 있기 때문이라고 설명한다(60). 아렐은 "사내다움의 정치학politics of masculinity"을 이야기하고 있는 데이비드 사브란David Savran을 인용하면서 윌리엄스의 작품을 분석하고 있는데 아렐이 언급하고 있지 않은 사브란의 주장을 좀 더 첨가해 보면 이렇다.

제2차 세계 대전 후 미국과 소련이 대립하던 냉전 시기에 미국 중산층의 핵가족 제도 중심에는 가족을 위해 바깥에서 열심히 일하는 남편-아버지와 전업주부인 아내-엄마가 자리 잡고 있었으며 이들의 가장 중요한 임무는 이처럼 성역할이 분명하게 이분화된 핵가족 틀에 편입될 아이들을 낳고 교육시키는 것이었다. 이렇게 미리 정해진 모델을 따르지 않는 남성과 여성은 사회의 비난을 받으며 주변화되었다. 하지만 이러한 성 이데올로기의 분위기 속에서 윌리엄스는 남성과 여성에게 선택의 여지 없이 요구됐던 엄격한 성역할의 전형적인 모습을 뒤집어 놓는 젠더와 섹슈얼리티의 전복 개념을 보여 줬다(6-9). 즉, 게이극 작가 윌리엄스에 대한 시각이 새로워진 것은 철저한 가부장제와 이성애 중심주의의 이데올로기가 지배했던 시기인 1940-1950년대에, 1990년대에 가서야 유행하기 시작한 퀴어적 사고방식을 윌리엄스가 그의 작품을 통해 보여 주었기 때문이다.

이성애 이데올로기를 전복하면서 윌리엄스는 동성애 담론을 작품에 섞어 보기 위해 자신의 동성애 성 정체성을 위장해 보여 주기도 하고 게이 정체성을 가진 등장인물을 만들어 내기 위해 상황을 인코딩하여 디코딩되기를 바라기도 하는데 이것이 윌리엄스의 작품이 새로운 평가를 받았던 이유일 것이다. 그러나 게이들에 대한 인권 문제가 사회적으로 관심을 받으며 공론화되지도 못했고 동성애자들 스스로가 사회 속에서 자신들의 불평등을 극복하려는 동기가 뚜렷이 없던 시기에 아무렇지도 않게 무대 위에서 게이 캐릭터를 보여 주는 것은 그 자체로 사회와의 힘든 싸움일 수밖에 없었다. 따라서 윌리엄스는 동성애자로서 자신의 성 정체성에 죄의식을 느끼며 자기모순의 딜레마에 빠져 동성애 혐오와 같은 극단적인 결말을 만들어 내게 되는데 이러한 윌리엄스의 동성애 보여 주기 시도와 긍정적 결론의 부재를 작품을 통해 살펴보기로 하겠다.

동성애 문제를 직접 다루고 있지는 않지만, 윌리엄스는 『유리동물원』에서 시대가 요구하고 있던 전통적인 남성-아버지-가족부양 책임자와 여성-엄마-가정주부의 이분법적인 성역할 개념을 파괴하고 가부장제 사회 구조의 해체를 시도하고 있다. 기존 이데올로기나 도덕적인 측면에서 접근한다면 가족 구성원 역할에서 가족부양 책임자인 아버지가 가족을 거부하는 행위는 분명히 무능력하고 책임감 없는 가장이나 남성의 모습으로 비치겠지만 극은 멕시코 어딘가에서 자신의 주소도 밝히지 않은 우편엽서로 작별 인사를 해 온 아버지/남편의 부재로 일단 가부장제의 해체를 시작한다. 뒤

「유리동물원」 1945년 브로드웨이 공연

이어 아들 톰도 문학과 극장이 가져다주는 환상과 모험의 세계에 빠져들며 현실 세계를 회피하다가 결국 아버지를 따라 가정의 틀을 거부하게 된다. 이렇듯 기존 사회제도가 부과한 의무나 책임 의식을 회피하고 가정의 틀을 불편해하는 남성들의 행동으로 인해 어쩔 수 없는 성역할의 전도가 발생하게 된다. 아내 아만다는 남편/남성의 부재를 보상하기 위해 추억을 통해 남성들의 '비-부재'를 만들어 내지만, 현실에서 그녀는 남편, 즉 남성의 옷을 입기도 하고 경제활동을 하며 전통적으로 남성이 해야 했을 역할을 부분적으로 담당하게 된다. 또한 윌리엄스는 남자다움에 대해 새로운 시선을 주기도 하는데 이는 톰이 설명하고 있는 것처럼 극에서 가장 현실적이며 "살아가면서 항상 필요한 무엇인가로 기대되고"(235)있는 "신사 방문객gentleman caller"인 짐의 외모와 능력에 변화를 주는 것이다. 고등학교 시절 영웅으로서 조각상 같은 외모를 지니고 운동이나 예술 활동에서 항상 남을 앞섰으며 30살 즈음엔 대통령이 되리라는 톰의 예상과는 달리 졸업한 지 6년 만에 활동력도 떨어지고 톰보다 결코 좋은 직장을 갖고 있지도 않은 짐을 윌리엄스는 아만다와 그녀의 딸 로라가 기다리고 있는 이상적인 남성으로 소개하면서 남성성에 대한 기대 수치를 많이 줄여 놓고 있다.

제2차 세계 대전이 끝나고 1940년대 말에서부터 1950년대까지 미국에는 공산주의자들과 마찬가지로 동성애자들도 미국의 생활 방식을 파괴하며 미국을 위험으로 몰고 가고 있다는 사회적 통념이 팽배해 있었다. 이러한 분위기 속에서 윌리엄스는 어떻게든 동성애에 대한 부정적이지 않은 담론을 작품 속에 담아 이성애주의 사회제도에 대한 도전을 시도하기도 한다. 먼저 『욕망이라는 이름의 전차』에서 윌리엄스는 "내가 블랑시다I am Blanche DuBois"라고 말하면서 사회에서 거부당하던 게이인 자신의 몸을 여성 블랑시로 재젠더화해 무대 위에 등장한다.

> 블랑시: 난 현실을 원하지 않아요. 난 마법을 원해요! [미치가 웃는다] 그래요, 맞아요, 마법! 난 사람들에게 마법을 주려고 했어요. 난 사람들에게 뭔가를 잘못 전달하고 있죠. 난 사실을 말하지는 않죠. 난 사실이어야만 하는 것을 말하고 있어요. 그리고 그것이 죄가 된다면, 그것 때문에 저주를 받아도 괜찮아요! 전등 켜지 말아요!
>
> …

『욕망이라는 이름의 전차』 1947년 브로드웨이 공연

미치: 당신을 스트레이트로 믿고 있었으니 내가 어리석었군.

블랑시: 내가 '스트레이트'가 아니라고 누가 그러던가요? (145)

미치가 블랑시의 깨끗하지 않았던 과거를 이야기하며 현실을 직시하라고 할 때 블랑시가 현실과 이상의 문제를 언급하고 있는 장면이다. 블랑시는 사회의 기존 가치를 당연한 사실로 받아들이는 눈에 보이는 현실보다는 현재의 가치를 전복하는 완전한 상태의 이상 세계를 이야기하면서 자신의 현실을 알고 싶어 하는 미치의 노력을 완강히 거부하고 있다. 블랑시를 통해 자신의 모습을 보여 주려는 윌리엄스의 의도는 한 특정한 사회가 한 개인에게 요구하는 일방적인 성역할이 자연스럽고 당연하다는 관념에 대해 반드시 그렇지만은 않을 것이라는 퀴어 논리를 말해 주고 싶은 것이다. 이런 맥락에서 미치가 말하는 '스트레이트'의 의미는 단순히 '정직하다'라는 의미보다는 '이성애자'의 의미로 다가오는 이유가 될 수 있다.

젊은이! 젊은이! 아라비안나이트에 나오는 젊은 왕자 같아 보인다고 사람들이 말하지 않던가요? … 그렇게 보여요. 이리 오세요. 딱 한 번 당신의 입술에 부드럽고 달콤하게 키스하고 싶어요! (99)

위의 인용 대사는 블랑시가 처음 보는 젊은 청년에게 키스하고 싶다며 상황을 연출해 가는 장면이다. 윌리엄스가 직접 한 말을 인용해 보면 이 장면에서 블랑시는 알란이 되어서 알란이 어떻게 남자들에게 접근했었을까를 상상하면서 신문 배달원에게 다가갔다고 한다(Londre 58). 블랑시는 게이인 알란의 몸을 경험해 보고 싶었던 것이다. 학교에서 학생과의 스캔들이나 집 근처에 있었던 군부대의 군인들과의 관계 등 블랑시는 자신이 말하는 것과 같이 마치 먹이를 기다리는 커다란 거미처럼 낯선 남자들을 불러들인다. 그러한 블랑시를 통해 왜 블랑시가 낯선 남성들과의 관계에 집착했었는지를 생각해 볼 수 있다.[26]

한편 『뜨거운 양철 지붕 위의 고양이』에서 윌리엄스는 잭 스트로와 피터 오첼로의 전설을 통해 동성애에 대한 긍정적인 이해를 유도하면서 극 전체의 분위기를 꾸려 가고 있다.

> [무대의 배경인 침실 겸 거실은] 독신으로 한평생 함께 살면서 이 방을 같이 사용했던 방의 원래 소유자였던 잭 스트로와 피터 오첼로가 있었을 때와 많이 변하지 않았다. 다시 말하면 이 방엔 그들의 흔적이 그대로 남아 있다. 평범하지 않았던 애정의 관계가 조용하고도 낭만적으로 방에 스며 있다. (15)

이성애 사회의 전형적 남성상인 근육질의 남성들만이 만들어 냈어야 할 거대한 플랜테이션을 만들어 빅 대디에게 물려준 스트로와 오첼로의 "평범하지 않았던 애정"의 자취가 브릭의 방을 맴돌고 있다는 윌리엄스의 설명은 스트로와 오첼로의 동성애 관계가 빅 대디를 거쳐 빅 대디가 편애하고 있는 브릭에게까지 이어지고 있음을 암시하고 있다. 빅 대디는 스트로가 죽은 후 자신이 오첼로의 "파트너"(79)가 되어 농장을 더욱 크게 만들었다고 말하면서 자신의 모든 것을 사랑했다는 빅 마마의 말에 "그것이 사실이라면 재미있지 않은가…"(80)라고 대답한다. 여기서 "파트너"라는 말은 미치의 "스트레이트" 발언과 마찬가지로 사업상의 파트너 말고도 같은 침실을 사용했다는 이중의 의미로 쓰여 여성인 빅 마마의 사랑을 느낄 수 없었다는 빅 대디의 고백으로도 해석할 수 있다. 이렇게 스트로와 오첼로의 관계를 지켜보고 오첼로의 파트너 역할을 했던 빅 대디는 그래서 브릭에게 스키퍼와의 관계를 이해할 수 있다고 말하고 싶어 한다. 따라서 빅 대디는 브릭에게 동성애자면 어떠냐는 식의 반응을 보이며 이만 팔천 에이커나 되는 옥토를 "나와 같지 않은"(112) 구퍼에게는 물려줄 수 없다고 한다. 윌리엄스가 보여 주고 싶은 것처럼 빅 대디와 브릭은 서로 "말하지는 않지만 명백한"(117) 상황을 경험하게 되는데 이처럼 윌리엄스는 계속해서 동성애자에 대한 부정적이지만은 않은 상황을 인코딩하고 있다. 자신을 사랑한다는 매기의 말에 빅 대디를 따라 "그것이 사실이라면 재미있지 않은가?"(173)라고 반응하는 브릭으로부터 미국의 남성성을 상징하는 미식축구 선수였던 브릭의 몸이 동성애자일 수도 있다는 반전의 기회도 엿볼 수 있다.

1955년 『뜨거운 양철 지붕 위의 고양이』 브로드웨이 공연에서 브릭 역을 맡은 벤 가자라

그러나 윌리엄스의 한계

인지 아니면 의도가 없었는지 그의 주요 작품들은 완성된 동성애에 대한 긍정적 결말을 결코 보여 주지 못하고 있다. 『욕망이라는 이름의 전차』에서는 알란이, 『뜨거운 양철 지붕 위의 고양이』에서는 스트로와 오첼로, 스키퍼가 게이였으나 이들은 모두 죽어서 등장인물들을 통해 이야기되어질 뿐 무대에 확실한 게이로서의 성 정체성을 보여 주는 인물은 나오지 않는다. 또한, 빅 대디와 브릭의 성 정체성이 애매한 면도 있다. 빅 대디는 예순여섯인 지금도 "여전히 여자에 대한 욕망이 있다"(95)라고 말하고, 브릭은 "남색sodomy", "한 쌍의 추잡한 노인네들a pair of dirty old men", "여자 같은 남자아이들sissies", "퀴어queers"와 같은 경멸적인 용어를 사용하며 동성애 혐오homophobia 자세를 취한다. 블랑시는 알란이 다른 소년과는 어딘지 다른 모습이 있다며 여성스럽진 않지만 남자 같지 않은 불안함과 부드러움이 있었다고 묘사하는데 이는 동성애자에 대한 스테레오타입화된 모습을 그려 주고 있다.[27] 다른 남자와 한 방에 있는 알란을 발견하고는 "난 봤어! 알고 있어! 역겨워…"(115)를 외치며 알란을 자기혐오에 빠지게 만들고 자신의 몸이었던 블랑시를 가부장제도의 상징인 스탠리에 의해 파멸하게 만들며 윌리엄스는 자신을 스스로 부정하는 모습을 보여 준다. 알란과 스키퍼는 동성애자로서 자기혐오에 빠져 자살하게 되는데 이러한 죽음은 이성애자나 동성애자 관객들에게 동성애에 대한 부정적 사고방식을 확고하게 한다.

결국 동성애를 묘사하는 데 있어 윌리엄스의 부분적인 긍정의 노력은 결코 긍정적인 결말로 이어지지 못하고 있다. 이것은 그의 작품 『지난 여름 갑자기』에서 아동 성도착자로 읽히는 세바스찬이 원주민 아이들에게 끔찍하게 죽는 장면에서도 잘 드러난다.

> 그들은 그의 몸을 게걸스럽게 먹었다. 그들의 손이나 칼 혹은 그들이 악기로 사용했던 뾰족한 빈 깡통에 그의 신체의 찢긴 부분들이 묻어 있는데 그들은 잘게 찢긴 그의 살들을 그들의 조그만 텅 빈 검은 입속으로 사납게 집어넣었다. 정적이 흘렀다. 세바스찬의 흔적은 아무것도 남아 있지 않았다. 강렬한 햇빛을 받는 하얀 벽에 커다란 하얀 종이에 쌓인 장미 다발이 뜯기고 버려져서 뭉개져 버린 것과 같은 형상만 남아 있다… (44)

윌리엄스는 한 정신과 의사로부터 사회는 물론이고 윌리엄스 본인을 위해서라도 정상적인 것을 더럽히는 행위를 그만두고 동성애의 죄악과 동성애와 연결된 모든 형태의 악을 드러내는 일을 시작하라는 충고를 받은 뒤 『지난 여름 갑자기』를 완성하여 그 정신과 의사의 충고 내용을 그대로 보여 주었다(Russo 116). 이는 윌리엄스 스스로가 게이를 비정상적인 몸으로 인식하면서 수치심을 느끼고 있었음을 말해 준다. 영화 버전을 분석한 비토 루소Vito Russo는 스크린에서 하얀 옷을 입은 채 모습이 제대로 잡히지 않고 있는 세바스찬이 정상적인 사람들에게 얼굴 없는 공포와 두려운 존재로 묘사되고 있다며 "실패한 게이 예술가[세바스찬]와 그의 비정상적인 욕망 때문에 희생된 사람들에 대한 윌리엄스의 고난에 찬 묘사 방식은 전형적인 공포물 양식이다"(116)라고 주장하고 있다. 이런 관점에서 봤을 때 세바스찬의 잔인한 죽음은 윌리엄스 스스로가 만들어 낸

동성애자에 대한 극단적 처벌이 될 수 있다.[28]

아직도 제작자나 관객은 물론 비평계에서도 동성애 혐오의 시각이 여전히 남아 있으나 특히 1960년대에 윌리엄스는 에드워드 올비Edward Albee나 윌리엄 인지William Inge와 함께 뉴욕 비평가들의 신랄한 동성애 혐오 공격의 대상이었다. 그러나 비교를 위해 어떤 선을 굳이 만들어 보자면 윌리엄스와 맥널리가 만들어 낸 주요 작품들 사이엔 현대적 의미의 게이 해방운동인 스톤월 항쟁이라는 게이 인권운동의 상징적 사건이 자리하고 있다. 데니스 올트먼Dennis Altman도 1969년과 1970년에는 더 호전적이고 넓은 범위의 게이 운동이 발생해 사회에 실제적인 영향을 미치기 시작했다고 지적한다(113). 1969년에 일반인들에게 알려진 동성애자 단체는 매타친 협회the Mattachine Society와 빌리티스의 딸들the Daughters of Bilitis 오직 둘뿐이었으나, 4년 후엔 게이 해방 전선Gay Liberation Front, 래디컬레즈비언즈Radicalesbians, 게이 행동주의자 연합Gay Activists Alliance, 게이와 레즈비언 국가 특별위원회the National Gay and Lesbian Task Force, 람부다 정당방위와 교육 기금the Lambda Legal Defense and Education Fund과 같은 단체가 만들어져 동성애자들의 자기 정체성 인식에 커다란 변화를 일으켰다. 1960년대 중반부터 작품 활동을 해 온 맥널리의 게이 정체성에 대한 자의식이 상징적 사건의 여파로 인해 급변하지 않았을 것이나 윌리엄스의 『지난 여름 갑자기』와 30년 이상의 시간 차이를 보이는 『리스본 트라비아타』와 『입술은 다물고, 이는 벌리고』, 『사랑! 용기! 연민!』은 시간만큼이나 긴 두 작가의 의식 차이를 보여 주기도 한다. 다시 말하면 윌리엄스가 보여 준 동성애 혐오의 사회 분위기나 게이 등장인물들의 자기혐오 성 발언과 행동은 윌리엄스와 오랜 시간의 차이를 보이는 맥널리의 작품에서도 사라지지 않고 커다란 부분으로 자리 잡고 있으나 맥널리의 작품에서는 세바스찬의 죽음과 같은 극단의 부정적인 결말보다는 발전적이며 긍정적으로 사고하는 게이들에게 초점이 맞춰져 있다.

"빌리티스의 딸들"이 발행한 매거진 「래더」

먼저 『리스본 트라비아타』는 마리아 칼라스Maria Callas의 '라 트라비아타La Traviata'를 배경으로 게이 커플의 만남과 헤어짐을 주제로 하고 있다. 맥널리가 자신의 이 극을 "베리스모 비극verismo tragedy"으로 끝나는 "오페라부파opera buffa"라고 언급하고 있는 것처럼 "멘디와 스테판Mendy & Stephen"이라는 부제를 가지고 있는 1막에서는 오페라를 무척이나 좋아하는 멘디와 스테판의 부담 없는 수다가 아기자기하게 이어진다. 그러다 "스테판과 마이크Stephen & Mike"의 2막에서는 스테판과 마이크의 갈등이 심각하게 묘사되며 폭력을 동반하게 된다. 여러 버전이 있으나 관심을 끄는 부분은 평론가나 제작진들이 맥널리와 신경전을 벌인 결과로 두 개 버전의 결말이 있다는 것이다. 그것은 함께 살아오면서 마이크가 그동안 쌓여 온 스테판의 행동에 만족하지 못해 스테판의 위협에도 불구하고 그를 떠나는 내용의 결말과 스테판이 떠나려는 마이크를 죽이는 내용의 결말이다. 뉴욕에서의 1985년 초연에서는 스테판이 마이크를 죽이지만 1989년 가을 공연에서는 이 장면이 삭제된다. 그 대신 스테판이 준 반지를 되돌려 주는 마이크를 스테판이 가위로 위협하나 극단적인 결과는 발생하지 않고 마이크가 떠나는 장면으로 끝난다.[29]

샘 아벨Sam Abel은 스테판이 마이크를 죽이는 결말에 대해서 문제점을 지적하고 있는데, 폭력을 동반한 결말은 게이들의 생활을 보여 주는 데 있어 자기혐오를 표출해 내는 정서적 불구자들의 모습으로 게이의 진부한 스테레오타입이며 게이들의 의식 발전이라는 면에서 바라볼 때 시대 감각을 반영하지 못한 퇴행하는 모습을 보여 주고 있다는 것이다(38). 존 클럼John Clum도 멘디와 스테판이 보여 주는 극 분위기에 대해 부정적인 견해를 보이는데, 당시가 시기적으로 에이즈AIDS 위기와 맞물려 있어서 그런지 뉴욕에 사는 그 두 인물은 의식 있는 게이의 모습이 아니라 패배 의식에 젖어 있는 게이들의 정신적 분위기를 보여 준다고 지적한다.

> 작품의 중심인물들인 멘디와 스테판은 견딜만 한 세상에 자신들을 가두어 놓기 위해 게이 문화를 이용하는 오랜 시대의 유물들로 자기혐오에 빠진 게이들이다. 멘디와 스테판의 탈출과 위안은 게이 문화의 토대인 오페라에서 온다. 맥널리는 … 오페라에 빠져드는 게이를 분석하고 그 위험성을 생생하게 보여 주기 위해 자신의 두 주인공을 이용한다. (*Still* 207)

테런스 맥널리
(Author: Al Pereira 2020, 출처: 위키피디아)

오페라의 비극적인 결말과 칼라스의 외로움과 슬픔에 빠져들면서 현실을 잊고 싶어 하는 오페라 퀸Opera queen으로서의 스테판과 멘디의 자기혐오 모습이 전혀 건설적이지 못하다는 이야기다.

맥널리는 『사랑! 용기! 연민!』을 통해서 특별한 동기는 없으나 이 순간에 게이로 산다는 것이 어떤 것인지를 보여주고 싶었다고 말하며 현충일Memorial Day, 독립기념일Fourth of July, 노동절Labor Day의 연휴 기간 동안 함께 머물며 자기혐오의 전형적인 게이 이미지와 사회의 부정적인 시선을 사랑과 이해로 극복하고 있는 여덟 명의 게이들을 보여준다. 앞을 못 보는 바비와 함께 있는 집 주인인 안무가 그레고리는 에이즈 기금 마련을 위해 '백조의 호수'를 게이 버전으로 준비하고 있고, 존은 그레고리의 무용단에서 리허설 피아니스트로 일하며 라틴계 젊은 댄서 라몬을 데리고 온다. 버즈는 그레고리의 의상 디자이너로 존의 쌍둥이 형제인 에이즈 환자 제임스가 나중에 이들 그룹에 합류했을 때 그를 극진히 간호해 준다. 변호사 페리와 회계사 아서는 14년을 함께 살아왔다. 이렇게 다양한 계층과 나이로 구성된 게이들은 주위의 간섭 없이 인간이기 때문에 보여 줄 수 있는 감정을 그대로 전달해 주고 있다. 하지만 한편으로는 나체로 수영하는 등장인물들의 모습이라든지 부분적으로 섹스와 연관된 극 내용이 동성애자들의 성생활은 난잡하다는 사회의 편견을 정당화시킬 수 있는 여지를 준다. 아서는 이런 사회의 편견, 그리고 게이들만의 특수한 환경일 수 있기에 이성애 사회에서는 어쩔 수 없이 견뎌 내야만 하는 상황을 힘들어하고 있다.

> 나는 공을 잡을 수도 있어. 나는 정말로 아버지와 엄마를 모두 좋아하지. 나는 오페라를 싫어해. 나는 내가 왜 게이라는 것을 걱정하는지 모르겠어. (100)

이것은 내재화된 자기혐오성 발언이다. 그는 자신은 여성스럽지도 않고 운동도 할 수 있으며 다른 게이들과 달리 부모와 사이도 좋다고 말한다. 이어서 멘디와 스테판이 동성애자이기 때문에 오페라를 좋아하고 밀크도 '토스카Tosca'를 바라보며 죽지만 자신은 오페라를 좋아하지 않는다며 사회의 편견에 힘들어한다. 또한 페리는 TV에서 동성애 집회를 탄압하는 장면을 지켜보면서 "이 나라는 뭐가 문제지? 우리를 혐오하잖아. … 계속 혐오해 왔어. 계속 그럴 거야"(107)라고 흥분하며 동성애자들을 대하는 사회제도에 민감한 반응을 보인다.

동성애 혐오는 인종차별과 함께 파이어 아일랜드Fire Island의 게이 커뮤니티에 있는 한 등장인물이 파라다이스라고 부르는 시가 팔십만 달러의 집을 배경으로 이야기가 전개되는 『입술은 다물고,

이는 벌리고』에서도 계속된다. 이곳에서 보이지 않는 게이들에게 노출되어 파라다이스의 쾌락을 전혀 즐길 수 없는 네 명의 이성애자들은 불안과 공포를 경험하게 된다. 극이 시작되면서 샘은 데이비드가 사용하던 수영장을 관찰하며 "깨끗해 보여. 티 하나 없는 것 같아. 바닥까지 다 보여"(8)라고 말한다. 하지만 사실 그는 에이즈로 죽은 데이비드의 흔적을 두려워하고 있다.

> 우리는 모두 수영장에 병균이 퍼져 있다고 생각하고 있지. 우리는 수영장이 오염됐다고 생각하고 있어. 우리는 수영장에 들어가면 에이즈에 걸려서 죽을 거로 생각하고 있어. 물 한 방울이 입에 들어가거나 아물지 않은 상처에 닿으면 우리는 내 동생이나 그 애의 흑인 애인 그리고 다른 게이들이 있었던 물에 오염되는 거야. 소변보고, 사정하기도 한 물. (69)

모두가 침묵하고 있었지만 데이비드와 아론이 사용하던 수영장에 들어가지 않는 이유를 샐리는 솔직히 말해 주고 있다. 남동생 데이비드가 동성애자였다는 것을 참을 수 없었다는 샐리는 무대에는 등장하지 않는 주위 게이들의 감시 대상이 되는 것이 두려워 데이비드의 집을 포기할 생각을 하게 되고, 아이는 없지만 자신의 아이가 동성애자가 된다는 생각을 아예 거부하며 부모와 동성애자 아들 간의 전형적인 긴장 관계를 그려 낸다. 데이비드는 아버지 장례식 때 위로를 해 주는 자신을 향해 남자와 여자의 사랑은 달라서 게이인 너는 이 엄마를 이해할 수 없을 거라는 대답을 엄마에게서 듣게 되는데 이러한 성 정체성으로 인한 엄마와의 갈등으로부터 "거절"과 "위축"을 경험하게 된다. 사회로부터 거절당하고 위축을 경험했던 데이비드를 클로이는 어려서 수영을 본능적으로 못했기 때문에 인간 본능이 결핍되어서 이성애자가 될 기회를 놓쳤다고 말한다. 이에 샐리가 섹슈얼리티에 대해 피상적이지 않은 보다 근본적인 접근을 시도하지만, 클로이는 동성애자의 성 정체성 원인을 부모의 탓으로 돌려 버린다. 극이 진행되면서 수영장의 물에 대한 공포, 즉 동성애에 대한 공포를 스스로들 떨쳐 버리기 위해 샐리는 수영장의 물을 마시고 존도 수영장에 자신의 얼굴을 담그는 의식을 해 보지만, 이는 잠을 잘 때 이를 가는 샘에게 입술은 다물고 이는 벌리고 잠을 자라는 의사의 처방과 같은 맥널리가 지금 보고 느끼는 궁핍한 상황의 해결책이 될 것이다.

그러나 윌리엄스와는 달리 맥널리는 『리스본 트라비아타』, 『입술은 다물고, 이는 벌리고』, 『사랑! 용기! 연민!』에서 단지 게이들의 자기혐오나 게이들에 대한 이성애 사회의 부정적인 모습에만 방점을 찍는 것은 아니다. 『리스본 트라비아타』는 특별한 정치적 내용은 없으나 네 명의 등장인물 모두가 게이들로 구성되어 그들을 통해 뉴욕 게이들의 생활을 꾸밈없이 드러내는 전형적인 게이극이라는 점에서 긍정적인 가치가 있다. 또한 멘디와 스테판, 두 등장인물처럼 과거지향적 인물 설정과 동시에 마이크와 폴이라는 미래지향적인 게이 등장인물들을 소개하고 있다. 정확한 나이를 알 수 없는 중년의 멘디는 관습에 젖어 있고, 멘디보다 열 살 아래인 스테판은 폐쇄적이고 경계심이 있으나 스테판보다 어린 마이크는 솔직한 성격을 소유하고 있다. 20대 중반의 폴은 매력적이며 우호적이고 개방됐는데 무엇보다 자기 자신을 좋아하는 인물로 소개되고 있다. 즉 등장인물이 윌리엄스의 알란과 같이 자기혐오가 내재화된 기성세대와 자신의 성 정체성에 자부심을 느끼면서 자기주장을 펼 수 있는 신세대로 구분되어 있다. 따라서 신구세대 간의 마찰이 생기게 되고 이러한 갈등은 스테판과 마이크가 함께 사는 아파트에서 확인된다. 마이크/폴과 스테판 사이의 세대 차이는 FM 방송에서 시끄럽게 튀어나오는 로큰롤과 클래식 채널에서 흘러나오는 슈베르트의 "방랑자 환상곡Wanderers Fantasie"만큼의 거리일 것이다.

약속된 시간보다 이른 아침에 집에 돌아와 교묘하게 폴을 빨리 내보내려는 스테판의 정신세계는 라디오에서 흘러나오는 슈베르트의 LP판이 튀면서 계속 같은 부분을 반복하는 것처럼 특정한 시간과 공간에 고착되어 있어서 폴을 정말로 사랑하고 있다는 마이크와의 갈등이 순탄치 않을 것임을 암시한다.

> 나는 지난 8년을 너와 함께 보냈지. 너는 *토스카*에서 살고 있어. 너는 *투란도트*에서 살고 있어. 너는 누구도 들어 보지 못한 어떤 오페라 세계에 살고 있어. 그런 누군가를 사랑하는 건 어려운 일이야. (86)

마이크가 오페라 세계에 빠져 현실 감각을 잃은 스테판을 참지 못하는 장면으로 스테판은 마이크에게 자신의 구세주라는 표현을 하면서 폴에게 가려는 마이크를 방해하지만 결국은 칼라스의 '라

트라비아타'로부터 빠져나오지 못하게 된다.

1985년 초연 때 스테판이 마이크를 죽이는 폭력적인 결말에 대해 특별히 언급하지 않았던 멜 구소Mel Gussow는 1989년 가을 공연에서 이를 이성애 커플들이 진부한 상황을 반복하고 있는 내용의 극이라고 평가하며 폭력이 배제된 결말을 진보된 결말이라고 분석했다. 구소는 이것이 왜 진보된 결말인지에 대한 이유를 말하지 않지만 충분히 짐작할 수 있다. 자신의 성 정체성으로 아내와 이혼한 후 자신의 생활에 긍정적인 가치관을 형성하고 있는 마이크가 어떤 이유로든 죽는 상황은 결국 게이 커뮤니티의 자멸을 의미하게 된다. 따라서 마이크를 살려 주는 결말은 게이들의 의식을 긍정적으로 발전시키는 데 도움이 될 수 있다. 또한, 폴을 진심으로 사랑하고 있다는 말을 반복하며 아파트를 나와 폴을 만나러 가는 마이크는 자신의 형 집에 머물며 그들만의 세계가 아닌 현실 속에서 살아가게 될 것이다. 덧붙여 두 개의 다른 결말 버전에도 불구하고 작품에서는 게이 커뮤니티를 위한 희망적인 메시지를 확인할 수 있는데, 가장 어린 폴은 아파트를 벗어나 현실에서 사회복지사로 활약하게 될 것이다.

『사랑! 용기! 연민!』에서 페리는 그레고리가 뉴욕시에서 두 시간 떨어져 있는 수목이 우거진 외딴집을 구매한다고 할 때 처음에는 "허허벌판에 있잖아. 뭘 할 거야?"(88)라고 말했으나 지금은 "천국이야. 가도 가도 아무도 없어. 지구상에 있는 마지막 여덟 명이야"(88)라고 말하며 자신들의 존재에 대한 의식을 도피의 개념에서 축복의 개념으로 전환한다. 이런 의식의 전환은 이성애 사회에 대한 불만을 토로하게 만들기도 하는데 언젠가는 게이 미국 대통령이 탄생할 거라며 게이 음악을 듣기 원하는 버즈는 냉소적으로 이성애자들을 혐오하는 발언을 한다.

> 나는 이성애자들에게 신물이 났어. 사실을 얘기해 봐, 그렇지 않아? 이성애자들은 너무나 많아. 어제 은행에 갔었는데 곳곳에 있었어. 수표를 쓰고, 계약금을 내고, 그들 중 두 명이 저당을 잡히고 있었어. 역겨웠어. (58)

버즈가 말하는 "역겨웠어It was disgusting"는 블랑시가 게이 남편인 알란에게 말한 "역겨워You disgust me!"에 대한 보복이기도 할 것이다. 또한 제임스는 포카혼타스Pocahontas에서부터 댄 래더Dan Rather까지 미국의 동성애자를 차례로 열거해 놓은 책 이야기를 하며 존 포스터 덜레스John Foster Dulles, 벤저민 프랭클린Benjamin Franklin, 부커 T. 워싱턴Booker T. Washington, 베이브 루스Babe Ruth와 같은 인물들을 언급하고 있는데 이렇게 하면서 등장인물들은 동성애의 역사성을 보여주고 자신들의 성 정체성에 자부심을 느끼게 된다. 그리고 이러한 자부심은 구체적으로 존으로부터 확인할 수 있다.

> 이것 봐, 게이로서 네가 무얼 생각하는지 아무도 신경 쓰지 않아. 그것이 논점은 아니었어. 인류의 한 구성원으로 너는 무엇을 생각하니? (53)

제임스와 비교되면서 "악the Bad"과 "추함의 왕자the Prince of Ugly"로 불리며 모인 동료들로부터 미움을 사고 있는 존의 입지나 위치는 언뜻 부정적으로 보일 수 있지만, 게이인 자신과 동료들을 바라보는 데 있어 존은 핵심을 파악하고 발전적인 자세를 제시하고 있다. 존의 주장을 정리해 보면 이렇다. 즉, 라몬이 지적하고 있는 서로를 사랑하지 않고 특히 자신을 사랑하지 않는 모습이 게이들의 근본 문제인 것은 인정할 수 있을지 몰라도 지금 그 이야기를 한다는 것은 너무 시대에 뒤진 주제라는 것이다. 유색인종이며 게이인 자신의 정체성을 부각하는 라몬의 말에 존이 피곤하고 싫증 난 주제라는 반응을 보이는 것은 당연할 수 있다. 존에게 중요한 것은 자신은 인간으로서 이 사회의 한 구성원이라는 것이기 때문이다. 데이비드 리처즈David Richards는 이 작품이 다른 남자들을 사랑하는 남자들의 솔직한 모습을 보여 주고 있지만 맥널리는 사람은 사람이라는 믿음을 항상 가지고 있었다라고 이야기한다. 샐리가 해변에서 한 남자가 자살하는 모습을 보고 "사랑받지 못하고 보호받지도 못하면서 외로움을 느낄 때 어떤 일이 일어나는지를 목격했어"(64)라고 말하면서 서로에게 관심과 사랑의 필요성을 강조하는 장면이 있다. 이처럼 에이즈 양성반응을 보이는 버즈는 상당히 예민해져 있고 제임스 역시 에이즈로 힘든 하루하루를 보내지만, 제임스는 동료들의 사랑과 관심을 느끼며 햄릿Hamlet의 "우리는 운명을 거부한다"(114)[30]를 외친다. 맥널리는 이들이 에이즈로 죽는 모습을 보여 주지 않고 이들이 어떻게 주위 사람들로부터 사랑을 받고 어떻게 그들을 사랑하며 살아가는지를 보여 준다. 분명 이들은 윌리엄스의 인물들처럼 자신들의 성 정체성으로 인해 정신적으로 불구화된 삶을 살고 있지는 않다.

윌리엄스가 1990년대에 들어와 자신의 작품을 통해 동성애자를 그려 내는 기술로 새로운 평가를 받았다고는 하지만 그가 주요 작품에서 보여 준 게이 등장인물들의 자기혐오나 동성애 혐오와 같은 부정적인 태도는 동성애를 혐오하는 이성애 사회 분위기를 그대로 반영한 결과였다. 이러한 결과가 맥널리의 작품에서도 여전히 남아 있지만 맥널리가 보여 준 윌리엄스와의 다른 모습은 사회의 변화와 함께 혹은 사회의 변화를 이끌어 가면서 그가 발전된 의식을 가지고 있는 게이 등장인물들을 보여 주고 있다는 것이다. 그래서 윌리엄스의 '욕망이라는 이름의 전차'는 맥널리의 '리스본 트라비아타라는 이름의 전차'로 아직도 달리고 있다.

인용 및 참고 자료

Abel, Sam. "Uneasy Transitions: Reassessing The Lisbon Traviata and Its Critics." Ed. Toby Sliverman Zinman. *Terrence McNally: A Casebook*. New York: Garland, 1997. 37-54.

Altman, Dennis. *The Homosexualization of America*. Boston: Beacon, 1982.

Arrell, Douglas. "Homosexual Panic in *Cat on a Hot Tin Roof*." Modern Drama 51.1(2008): 60-72.

Clum, John M. *Still Acting Gay*. New York: St. Martin's, 2000.

____________. "The sacrificial stud and the fugitive female in *Suddenly Last Summer*, *Orpheus Descending*, and *Sweet Bird of Youth*." *The Cambridge Companion to Tennessee Williams*. Ed. Matthew C. Roudané. Cambridge: Cambridge UP, 1997. 128-46.

Gussow, Mel. "Reviews/Theater; A New, Nonviolent Ending for 'Lisbon Traviata'." New York Times. Web. 29 October 2009. 〈http://www.nytimes.com/1989/11/01/theater/reviews-theater-a-new-nonviolent-ending-for-lisbon-traviata〉.

Kaiser, Charles. *The Gay Metropolis*. New York: Harcourt, 1997.

Londré, Felicia Hardison. "A streetcar running fifty years." *The Cambridge Companion to Tennessee Williams*. Ed. Matthew C. Roudané. Cambridge: Cambridge UP, 1997. 45-66.

McNally, Terrence. *Love! Valour! Compassion! and A Perfect Ganesh*.

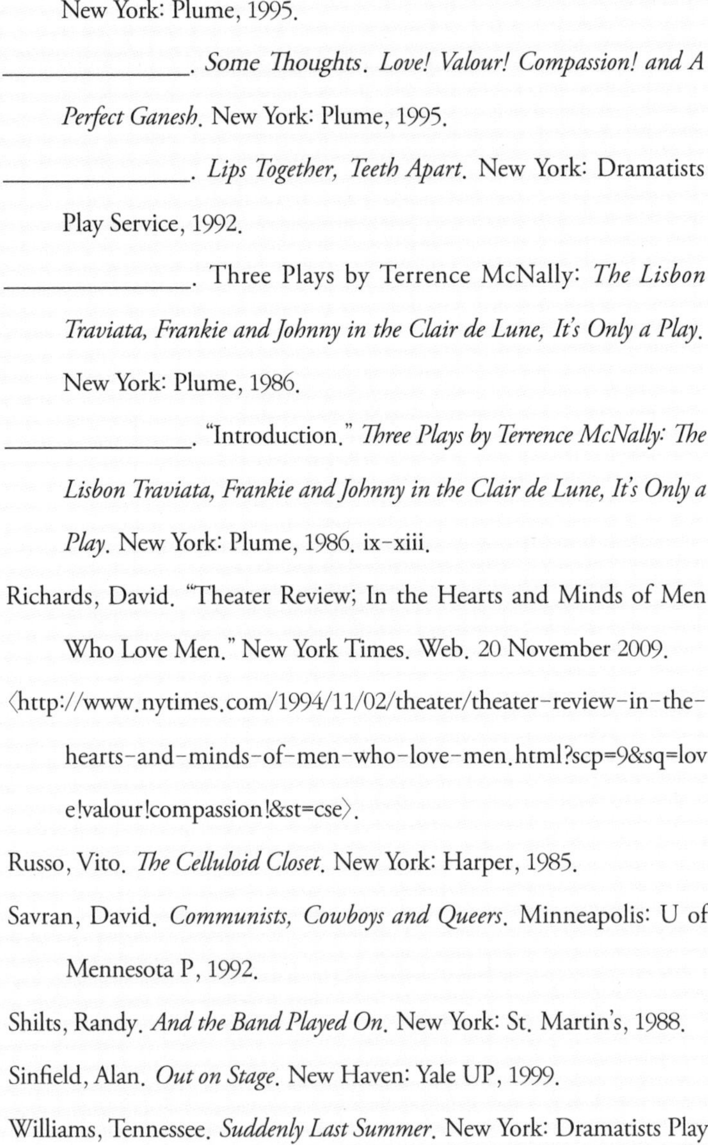

New York: Plume, 1995.

________________. *Some Thoughts. Love! Valour! Compassion! and A Perfect Ganesh.* New York: Plume, 1995.

________________. *Lips Together, Teeth Apart.* New York: Dramatists Play Service, 1992.

________________. Three Plays by Terrence McNally: *The Lisbon Traviata, Frankie and Johnny in the Clair de Lune, It's Only a Play.* New York: Plume, 1986.

________________. "Introduction." *Three Plays by Terrence McNally: The Lisbon Traviata, Frankie and Johnny in the Clair de Lune, It's Only a Play.* New York: Plume, 1986. ix-xiii.

Richards, David. "Theater Review; In the Hearts and Minds of Men Who Love Men." New York Times. Web. 20 November 2009. ⟨http://www.nytimes.com/1994/11/02/theater/theater-review-in-the-hearts-and-minds-of-men-who-love-men.html?scp=9&sq=love!valour!compassion!&st=cse⟩.

Russo, Vito. *The Celluloid Closet.* New York: Harper, 1985.

Savran, David. *Communists, Cowboys and Queers.* Minneapolis: U of Mennesota P, 1992.

Shilts, Randy. *And the Band Played On.* New York: St. Martin's, 1988.

Sinfield, Alan. *Out on Stage.* New Haven: Yale UP, 1999.

Williams, Tennessee. *Suddenly Last Summer.* New York: Dramatists Play

Service, 1986.

________________. *A Streetcar Named Desire*. New York: New Directions, 1980.

________________. *The Glass Menagerie*. New York: Penguin, 1977. 225-313.

________________. *Cat on a Hot Tin Roof*. New York: New Directions, 1975.

7장

—

에이즈 정치학

○

에이즈는 어떤 바이러스가 원인이 되어 발병한다는
과학적인 근거에 의해 단순히 만들어진 병명이 아니고
다양한 문화 현상과 언어학적 의미를 잉태하고 있다.

1. 은유로서의 에이즈

존 M. 클럼John M. Clum은 오스카 와일드의 재판Oscar Wilde's trial, 나치의 학살Nazi purge, 스톤월 항쟁Stonewall riots을 게이 역사에 있어서 세 개의 상징적인 정치적 사건들(Culture 174)로 언급하고 있는데 게이의 탄압과 관련된 이러한 역사적 사건들에 에이즈AIDS[31]도 자리를 같이하게 되었다. 물론 시간이 지나 에이즈에 관련된 열려 있는 객관적인 정보로 일반인들의 인식에 많은 변화가 생기면서 에이즈는 게이 작가들의 관심 밖을 벗어나 정치적 메시지도 무뎌졌지만, 발병 초기에 에이즈는 게이와 관련된 끔찍한 질병으로 알려지면서 게이와 게이 커뮤니티에 커다란 상처를 입히고 게이 작가들을 자극했었다. 발병 초기에 게이와 관련된 질병(GRID: Gay-Related Immunodeficiency)

으로 알려진 에이즈는 내러티브로서의 진화를 거듭하면서 1980년대에 많은 신화를 만들어 냈다.

그래서 폴라 A. 트라이클러Paula A. Treichler는 "에이즈는 생물학과 생의학에 관련됐을 뿐만 아니라 문화와 언어학의 분야이기도 하다"(1)라고 주장한다. 이 말은 에이즈가 어떤 바이러스가 원인이 되어 발병한다는 과학적인 근거에 의해 단순히 만들어진 병명이 아니고 다양한 문화 현상과 언어학적 의미를 잉태하고 있다는 것이다. 트라이클러가 만들어 놓은 에이즈에 관한 이야기를 몇 가지 참고로 소개해 보면, "에이즈는 샌프란시스코에서 퍼지기 시작한 게이 역병이다", "제3세계를 파괴하기 위한 제국주의자의 음모이다", "자본주의자들을 제거하기 위한 소련 비밀경찰(KGB)의 음모이다", "새로운 약의 시장을 개척하기 위한 자본주의자의 음모이다", "외계인이 지구를 정복하기 전에 퍼트린 질병이다", "1976년 미국 전시회 때 풀린 이집트 파라오 투탕카멘Tutankhamun의 저주이다", "지구 종말이 가까이 왔다는 표시이다" 등 과학적 사실을 무시하거나 근거가 희박한 이야기들이다. 그러나 이러한 이야기들을 비이성적인 것으로 여기거나 동성애자들에 대한 단순한 혐오성 내러티브로서 무시해 버린다면 에이즈에 대한 정확한 이해와 분석을 기대할 수 없게 된다. 이런 이유로 트라이클러는 에이즈를 '의미의 유행병epidemic of significance'이라 단정하고 있다. 즉 언어학적 관점에서 이야기하자면 에이즈는 새로운 질병이지만 에이즈가 가지고 있는 여러 의미는 사람들의 마음속에 벌써 존재하고 있었다는 것이다.

수전 손택도 "한 사회가 타락했거나 부조리하다는 것을 보여 주기 위해 항상 질병은 은유로 사용되고 있다”(72)라고 주장하며 ‘역병plague’이 에이즈를 이야기해 주는 주요 은유로 사용되고 있다고 기술한다. 손택에 따르면 개인뿐만 아니라 집단에 대한 징벌로 묘사되곤 했던 역병은 늘 사회에 대한 심판으로 여겨져 집단적 재앙이나 악, 천벌을 가장 잘 표현해 주는 은유로 사용되어 왔는데 에이즈도 역병이라는 은유로 포장되어 게이 커뮤니티에 대한 심판으로 부풀려졌다. 이러한 맥락에서 더글러스 크림프Douglas Crimp는 1832년 파리에서 발생한 콜레라 전염병을 조사하던 프랑수아 드라포르테Francois Delaporte의 “존재하는 것은 질병이 아니라 관습이다”(3)라는 주장을 자신의 글의 처음에서 인용하고 있다. 이 글을 인용한 크림프의 의도는 에이즈에 관한 과학적인 사실이 충분히 밝혀졌음에도 불구하고 그러한 사실들이 무시되고 와전되어 “에이즈는 에이즈를 관념화하고 상징화하는 관습과 에이즈에 반응하는 관습을 통해 이해되고 있다”(3)라는 것이다. 따라서 에이즈에 관련된 문화나 정치학은 객관적·과학적 사실이 아닌 관습에 따른 에이즈의 이야기에 기초하고 있다는 것이다.

트라이클러와 손택, 크림프가 저마다 말하고 있는 “의미의 유행병”이나 “은유로서의 질병”, “관습”의 말뜻이 지향하는 바는 에이즈에 대한 사회 인식이 일반적으로 본질을 한참 벗어나 있다는 것이다. 미국에서 첫 발병 보고가 있었을 때 에이즈는 흑인, 게이, 매춘부, 정맥주사 마약 사용자intravenous drug user와 같은 소외되고 억압받던 사회 계층과 연관되어 있었으며 이로 인해 규범과 가치의 붕괴, 도덕성 문제가 대두되었다. 그러나 에이즈가 특별한 타입의 사람이나 생활 방식에 의한 결과가 아니라 바이러스에 의한 결과라는 과학적 근거가 나왔음에도 불구하고, 특수한 사회 계층들이 목표로 설정되어 사회통제의 메커니즘을 위해 에이즈가 이용되고 있었다는 논란은 계속되고 있다. 즉 에이즈의 사회·정치학적 접근에는 항상 인종차별racism, 동성애 혐오homophobia, 이성애주의heterosexism가 커다란 틀로 자리 잡게 된 것이다.

발병 초기 시절, 에이즈가 특별한 성관계나 성행위를 통해 전염된다는 보고가 나왔을 때 에이즈는 도덕적 타락의 상징이 되었고 게이들은 아무런 저항도 하지 못하고 희생양이 되었어야만 했다. 그리고 많은 에이즈 신화 중에 에이즈가 게이들의 질병이라는 신화는 아무런 저항 없이 사회에서 수용되었다. 또한, 성관계뿐만 아니라 다른 수단으로도 전염될 수 있는 바이러스성 질병임에도 불구하고 에이즈는 B형 간염과 같은 바이러스성 질병이 아니라 처음부터 도덕적 타락의 결과로 여겨지는 매독과 같은 성병으로 취급돼 에이즈 환자들은 사회로부터 심한 비난을 받게 되었다(Gilman 247). 일찍이 1982년 말에 혈우병 환자들과 정맥주사 마약 사용자들도 에이즈 바이러스에 감염된 사례가 보고되기 시작했고 1987년 무렵에는 에이즈가 특정 소외된 집단이나 계층만의 질병이 아니라는 사실을 말해 주는 많은 자료를 확인할 수 있었음에도 에이즈가 게이의 질병이라는 등식은 거침없이 지속되었는데 여기에 에이즈의 정치학이 있는 것이다.

게이와 에이즈에 대한 이러한 왜곡된 실체의 한 단면을 잘 보여 주고 있는 대중 영화로 조나단 드미Jonathan Demme 감독의 〈필라델피아Philadelphia〉(1993)를 이야기해 볼 수 있다. 이 작품은 비중 있는 배우들의 등장과 할리우드가 많은 예산을 들여 동성애자들에 대한 사회의 편견과 에이즈 문제를 사실적으로 묘사했다는 점에서 많은 관심을 받았다. 동성애자이며 에이즈 환자인 앤드류 베켓이 쇠약해져 가는 몸을 이끌고 자신을 해고한 법률회사를 상대로 벌이는 처절한 법정 싸움과 승소는 많은 관객에게 동성애자와 에이즈에 대한 새로운 시각을 던져 줬을 것이다. 어쩌면 새로운 시각이라기보다는 '동정'이라는 표현이 더 어울릴 수도 있겠다. 그러나 짚고 넘어가야 할 부분은 관객들의 머릿속에 앤드류는 에이즈에 감염된 게이로 계속 남아 있다는 것이다. 그뿐이다. 영화는 상당히 제한된 상황만을 보여 주며 편견을 극복하지 못하고 기존의 가치 질서를 관객들에게 한 번 더 확인시켜 주고 있다. 오페라를 좋아하는 스테레오타입화된 게이로서의 앤드류의 모습이나 앤드류를 격려하는 전통적인 가족 개념의 구성원들은 게이인 앤드류의 입지를 분명히 좁히고 있다. 즉, 영화는 에이즈를 둘러싼 정치권의 반응이나 에이즈가 게이에게 미치는 정신적 영향과 같은 에이즈를 이해하는 데 필요한 결정적인 부분들을 놓쳤고, 포르노 극장에서 난잡한 성행위를 즐긴 게이가 결국에는 에이즈 바이러스에 감염되어 죽는다는, 좀 더 구체적으로 당연히 죽어야 한다는 틀에 그동안의 편견을 되풀이하는 과정 말고는 다른 시선을 첨가하지 않았다.

따라서 이번 글에서는 자칫 게이 쇼비니즘으로 읽힐 수도 있으나 미국 에이즈극의 분석을 통해 〈필라델피아〉식의 제한된 틀에 새로운 시선을 첨가하여 게이들의 질병이었던 에이즈가 게이들에게 미치는 정신적 영향과 정치권의 반응을 살펴보고자 한다. 주제 전개를 위해 먼저 게이들에게 던져진 에이즈의 의미를 여러 각도에서 살펴보고 이어서 정치와 연결된 미국적인 질병으로 에이즈를 이야기하면서 홀로코스트와 비교하는 작업을 할 것인데, 결론에서는 피해자로 설정된 게이들의 책임론도 언급될 것이다. 로버트 치즐리Robert Chesley의 『식은땀*Night Sweat: A Romantic Comedy*』(1984), 래리 크레이머Larry Kramer의 『정상적인 사람*The Normal Heart*』(1985), 윌리엄 M. 호프만William M. Hoffman의 『있는 그대로*As Is*』(1985), 하비 피어스타인Harvey Fierstein의 『안전한 섹스*Safe Sex*』(1987), 랜퍼드 윌슨Lanford Wilson의 『코스모스 축구팀의 포스터*The Poster of the Cosmos*』(1988), 폴라 보겔Paula Vogel의 『볼티모어 왈츠*The Baltimore Waltz*』(1989), 토니 쿠슈너Tony Kushner의 『미국의 천사들 1부*Angels in America: Millennium Approaches*』(1991)와 『미국의 천사들 2부*Angels in America: Perestroika*』(1992), 테런스 맥널리Terrence McNally의 『사랑! 용기! 연민!*Love! Valour! Compassion!*』(1994)과 『안드레의 엄마*Andre's Mother*』(1998)가 분석될 작품들이다. 작가와 작품에 대한 문학사적 의미의 소개는 되도록 생략하고 주제에 맞는 작품의 내용을 직접 인용하며 주제를 전개해 나가도록 하겠다.

2. 몸에 나타난 저주의 흔적과 죽음

에이즈는 이제 계속 진행되고 있는 여러 분야에서의 연구 결과로 '게이의 역병'으로 불리지도 않고 에이즈에 감염되어도 반드시 죽어야만 하는 것은 아니다. 그러나 에이즈 발병 초기 시기에는 에이즈에 대한 무지와 전염 경로에 대한 정보 부족으로 감염이 되면 반드시 죽어야 한다는 현실이 많은 희생자를 고립시키며 그들을 공포로 몰고 갔다. 『미국의 천사들』에서 로이의 담당 의사인 헨리는 "누구도 병의 원인을 몰라요. 치료법도 모르고요"(*Millennium* 42)라고 말하고, 『정상적인 사람』에서 에이즈 환자들을 진료하고 있는 엠마는 네드에게 "어떤 실마리도 갖고 있지 않아요. 뭔가를 발견한다 해도 치료법이나 예방책을 마련하는 데는 몇 년이 걸릴 겁니다"(22)라고 말한다. 『있는 그대로』에서도 "언제 이 끔찍한 역병이 정복될 수 있을까요? 아무도 모릅니다. 아무도 모릅니다. 모릅니다. 모릅니다"(15)라고 "아무도 모른다"라는 말을 반복하는 한 TV 아나운서의 외침이 게이들을 더욱 공포에 휩싸이게 했다.

에이즈와 게이 사이에 연결 고리를 만들어 놓은 사회 분위기는 게이들에게 도덕적 타락자라는 오명을 강제로 안기며 게이들에게 자기혐오를 불러일으키게 했다. 따라서 시기를 정확하게 세분화할 수는 없지만 크림프가 말하는 것처럼 에이즈 초기 시기의 작품들은 "개인적이고 애가류적인 분위기"(15)를 보여 주고 있다. 이런 분위기는 앤 보가트Anne Bogart가 지적하고 있는 에이즈 첫 세대 작가들이 보여 준 일반적인 모습으로 "극작가의 임무는 발병한 병의 자료와 사실을 보여 주고 그 사실을 애도하며 상황을 슬퍼하는 것이다"(Jones x). 이렇게 도덕적으로 타락한 게이는 에이즈 바이러스에 감염돼서 죽게 된다는 예정된 미래가 게이 커뮤니티를 공포로 몰고 갔으며 게이들은 사회의 비난에 아무런 저항도 하지 못하고 자신도 곧 죽어 없어질 것이라는 불안감에 시달리게 되었다. 특히 주위에 있는 친구들이 에이즈로 하나둘씩 죽어갈 때 자신의 차례가 다가온다는 공포는 게이들을 견디기 힘들게 만드는데 『있는 그대로』에서의 솔이나 『안전한 섹스』에서 기, 『정상적인 사람』에서 네드는 에이즈에 희생된 친구들의 이름을 나열하며 자신에게 다가오고 있는 죽음의 공포를 느낀다. 특히 HIV 음성 반응을 보이고 있지만 솔은 자신의 신체 증상에 무척 과민한 모습을 보이며 중세시대 유럽의 흑사병the Black Plague을 연상하면서 죽음의 공포를 느끼고, 기는 섹스를 할 때 안전 수칙을 지켜야 한다며 미드와 지루한 신경전을 벌인다. 『있는 그대로』에서 죽음의 공포를 견디기 힘들어하는 에이즈 환자 리치는 "이건 공정하지 않아! 왜 나를?"(58)이라고 절망하며 신을 원망하기도 하고, 『식은땀』에서 에이즈에 감염된 리처드 역시 몇 달 전에 에이즈로 죽은 친구의 모습을 떨쳐 버리지 못하고 자신에게 다가오는 죽음의 공포를 잊기 위해 자살 클럽을 찾아가기도 한다.

쿠슈너는 홀로코스트Holocaust의 생존자들처럼 자신은 운이 좋았다며 HIV 양성 반응을 보인 동료들에게 죄책감을 느끼고 있다(*Conversation* 54)고 말하는데 『코스모스 축구팀의 포스터』에서의 톰도 "내가 에이즈에 감염되지 않은 걸 믿을 수 없었어요. 검사를 했는데 음성이었어요"(73)라고 말하며 에이즈로 죽은 자니에 대해 쿠슈너가 보여 준 생존자로서의 죄책감과 동일한 감정을 표한다. 『사랑! 용기! 연민!』에서는 14년을 함께 살아온 아서와 페리가 에이즈 양성 반응을 보인 버즈와 에이즈에 감염돼 건강이 상당히 악화된 제임스를 바라보며 느낀 죄의식을 이야기한다.

페리: 14년이라는 시간. 완벽하진 않았지만 운이 좋았어.

아서: 난 완벽했어.

페리: 그렇지!

아서: 죄의식을 느끼니?

페리: 그런 건 아니고 감사할 뿐이야. 왜, 너는?

아서: 항상 나도 그랬었지. 아니, 처음에는 두렵기만 했어. 그러다가 죄의식을 느끼게 됐지. 처음엔 굉장했지. 왜 나는 아니지? 두려움보다는 그런 거였어. 이 문제에 대해 진지하게 이야기해 본 적이 없었지. 노 저어.

페리: 하고 있잖아.

아서: 나를 짜증이 나게 만들 때라도 버즈를 볼 때마다, 제임스를 볼 때도 그렇고, "조만간 저 인간은 설거지하거나 신발 끈을 묶으면서 저기 서 있지 않겠지"라는 생각을 하게 돼. (120–21)

아서도 주위 동료들이 죽어 사라지는 현실을 그냥 가만히 받아들일 수밖에 없는 상황에서 자신은 생존해 있다는 죄의식을 느끼고 있다. 그는 자신이 지금까지 에이즈 바이러스에 감염되지 않은 사실에 안도감을 보이기도 하지만 버즈나 제임스 같은 동료들이 괴로워하는 모습에 죄책감을 느끼며 자기도 언젠가는 그들처럼 에이즈로 죽어 없어지리라는 두려움과 같은 복잡한 감정을 보여 준다.

헤스터 프린Hester Prynne[32]이 자신의 가슴에 도덕적 타락을 상징하는 "AAdultery"를 품고 사회의 비난을 아무 말 없이 받아들여야 하는 것처럼 에이즈 환자에게 잘 나타나는 카포지 육종에 의한 피부의 반점은 죄의식에 사로잡힌 게이들에게 도덕적·육체적 타락의 결과인 천벌의 표시이다. 『미국의 천사들』에서 프라이어는 루이스에게 자신의 피부 반점을 "죽음의 천사가 주고 간 자줏빛 입맞춤"(*Millenium* 21)이라고 묘사한다. 그러고는 자신의 몸을 "내 몸은 어디 한군데 감염 안 된 곳이 없어. 내 심장은 오염된 피를 만들어 내고 있지. 더러운 몸이야"(*Millennium* 34)라고 저주한다. 『정상적인 사람』에서 펠리스는 발에 나타난 반점을 네드에게 보여 주며 "반점이 점점 더 커지기만 하고 사라지질 않아"(67)라고 말하며 죽음에 대한 공포와 커져만 가는 죄의식에 힘들어하고, 자신을 천벌의 상징이던 나병 환자에 비유하기도 한다.

따라서 곁에서 지켜 주고 있는 동료들은 자신들에게도 언젠가는 나타나게 될 타락의 상징인 반점에 깊은 슬픔을 보여 주게 된다. 『있는 그대로』에서 계속 새로 불거지는 반점들에 힘들어하며 사회로부터 사라지고 싶어 하는 리치의 반점을 만져 주고 감싸 주는 애인으로서의 솔도 있고, 『사랑! 용기! 연민!』에서 제임스의 반점에 입을 맞추는 버즈도 있다. 그리고 『코스모스 축구팀의 포스터』에서는 애인의 그러한 반점을 제거하려는 처절함을 볼 수도 있는데, 극은 서른여섯 살의 제빵업자 톰이 에이즈로 죽어 가는 자신의 애인인 자니를 죽인 범인으로 지목되어 보이지 않는 수사관들 앞에서 상황을 설명하는 독백극이다. 병실 안, 톰은 3년 동안 같이 살아온 자니가 자신의 팔에서 죽자 자니가 자기혐오의 행동으로 파내려 했던 붉은 반점에 상처를 내서 흐르는 피를 입으로 씻어 주고 있었다. 그런데 이를 목격한 간호사가 톰을 살인범으로 오해하고 신고했던 것이다.

> 그는 내 팔 안에서 죽었고 나는 오랜 시간 그를 안고 있었어요. 그러고는 그가 파내곤 했던 볼과 가슴과 머리에 있던 빨간 반점들에 상처를 내서 피가 흐를 때 피를 핥아 그를 깨끗하게 해 줬어요. (75)

타락의 상징으로 사회로부터 비난받던 자니의 몸을 정화하려 했던 모습은 오해를 사게 된다. 톰은 보이지 않는 권력의 "그런 짓을 할 놈으로 보이지 않는데"(65)를 흉내 내며 권력에 움츠러들지 않고 자신의 행동과 성 정체성에 대해 신념 있는 모습을 보여 준다.

3. 지우고 싶지 않은 과거

『안전한 섹스』에서 기와 미드는 오랜 시간 헤어져 지낸 후 다시 만나 두 번째 신혼여행을 즐기고 있다. 그런데 기는 에이즈 바이러스에 노출되지 않을 안전한 섹스를 위한 목록을 만들어 놓고는 미드와의 섹스를 회피한다. "우린 과거처럼 서로 만질 수가 없어. 결코 과거와 같을 수가 없어. '현재'가 항상 우리를 묶어 놓고 있어. 다른 시대야. 너무 늦었어"(94)라고 말하는 기는 죽음에 대한 공포 없이 자유스러운 섹스를 즐길 수 있었던 과거를 동경하고 있는 것이다. 이처럼 게이 커뮤니티 구성원들이 에이즈로 인해 사회의 무차별적인 비난을 받고 있을 때 보여 준 주요 반응은 부담 없이 섹스를 즐겼던 과거에 대한 향수다.

D. S. 로슨D. S. Lawson은 피어스타인이 『안전한 섹스』에서 에이즈를 빌미로 섹스를 거부하는 기와 같은 일부 게이들을 비난하고 있다고 말한다. 이어 섹스를 거부하는 것은 병이 두려운 것이 아니라 동성애 자체를 두려워하기 때문이라며, 게이가 섹스할 수 없거나 하지 않는다면 정체성을 잃게 되거나 정체성이 거부된다(150)고 덧붙인다. 에이즈와 동성애를 연결하는 신화가 사회적으로 당연하게 받아들여졌던 이유는 게이들의 성생활이 문란하다는 고정 관념 때문이며 이는 특히 에이즈 발병 전인 1960, 1970년대에 게이들이 아무런 죄책감 없이 성적 쾌락을 즐겼기 때문이다. 그런 점에서 어떻게 보면 동성애자들은 자신들에 대한 사회의 의식적인 무관심을 즐겼던 것인데 기는 이런 상황을 지적하고 있다.

> 우리는 사람들 눈에 보이지 않았어. 어느 누구도 우리가 누군지 확실히 알지 못했지. 우리는 굉장히 세련된 신비스러운 지하 조직이었지. 너무나 좋았었는데! (93)

사회의 비난에도 불구하고 성적 쾌락을 부끄럽지 않게 즐겼던 시간인 과거는 대부분의 게이에겐 향수의 대상이며 자신들의 정체성을 위해 부정해서는 안 될 유산이다. 그래서 미드는 "현재는 [과거와는] 다른 법칙을 가지고 있는 다른 시간이지만 변하지 않는 것이 있지"(95)라고 말한다. 그것은 바로 자신들의 성 정체성을 재확인하고 서로를 믿으며 정신적·육체적 사랑을 키워 나가는 것이다.

미드: 너 나를 믿니?

기: 말했잖아, 믿는다고.

미드: 그리고 내가 너를 사랑하고 있는 거 알지?

기: 그래. (95)

정체성을 확인한 후 기와 미드는 둘 사이의 심리적 차이를 상징해 주는 시소의 균형을 완벽하게 유지하며 잃어버린 쾌락을 찾아 조엘 샤츠키Joel Shatzky가 말하는 "좋았던 과거"(134)로 돌아가게 된다.

위기와 불확실의 시기에 기와 미드가 과거를 통해 정신적·육체적 해방을 느끼며 자신들의 성 정체성을 확인하고 변화된 현실을 긍정하는 것처럼 『있는 그대로』에서도 솔과 리치는 이별과 재회의 과정을 거치며 죄의식 없이 과거를 바라보고 과거를 통해 삶의 의지를 확인한다. 극의 첫 부분을 보면, 에이즈 바이러스에 감염된 리치의 현실은 힘들기만 하다. 솔을 버리고 자신이 뮤즈로 선택한 쳇이 떠나고 가족들도 멀어지며 경제적으로도 어려운 처지에 놓인다. 그러나 과거 속에 있었던 "자유스러운 섹스promiscuous sex"33를 함께 즐겼던 솔이 리치에게 삶의 동기를 부여하게 된다. 자살을 위해 리치가 요구한 다량의 수면제를 구하러 갔던 솔이 함께 자살을 생각하며 돌아오는 길에 발견한 것은 포르노 가게의 네온 불빛을 안고 있는 작은 웅덩이에서 깨달은 삶의 소중함과 아름다움이었다.

이 더러운 작은 웅덩이에 빨간 네온 불빛이 비치고 있었어. 아름다웠어. 그리고 거리 전체가 너무나 아름답게 빛나고 있었어. 다양한 네온사인 불빛들이 깜빡일 때마다 색은 계속 변하고 있었지… 얼마나 그곳에 있었는지 모르겠어. "하나님은 가져가시기도 하고 주시기도 하는 자라"라는 구절이 떠올랐어. (57–58)

자신들의 과거를 비춰 주는 작은 웅덩이를 바라보며 솔은 신을 찾았고, 자신들을 저주했던 신의 저주가 사라지는 경험을 하게 된다. 또한, 솔은 성경을 인용하며 자신들의 존재와 삶을 긍정하고 리치를 있는 그대로 받아들이게 된다. 솔이 종교적 죄의 부담감을 극복하고 종교적인 신과 새로운 관계를 모색하고 있는 것처럼 극의 마지막 부분에서도 리치를 돌봐 주는 호스피스는 투사인 리치가 신의 도움으로 죽지 않을 거라고 말하며 동성애자와 신과의 관계를 새로이 설정하기도 한다.

클럼은 "자유스러운 섹스sexual promiscuity는 리치가 에이즈에 감염된 가능한 원인으로 여겨지지 않고 오히려 찬양되어 진다"(58)라고 설명하고 있는데 솔과 리치는 자신들이 처음 만난 장소인 포르노 극장과 다양한 성적인 쾌락의 경험들을 전혀 부끄러워하지 않으면서 회상하고 있다. 이처럼 자유스러운 섹스를 경험했던 세대가 섹스가 죽음을 의미하게 된 현실을 의미 있게 만드는 방법은 과거를 되찾아 긍정하는 일이다. 그리고 이를 위해 솔과 리치는 서로를 게이를 일컫는 속어들인 "패거트faggot"와 "푸르트fruit"라고 부르며 게이로서의 정체성을 확인시키고 리치의 병실에서 과거의 자유스러웠던 섹스를 즐긴다. 이제 섹스는 죽음이 아니라 자신들의 정체성 확인과 현재를 긍정하게 만드는 수단이 되는 것이다.

『식은땀』에서도 치즐리는 섹스를 통해 게이들이 공포와 고립을 극복하고 정체성을 확인해야 한다는 메시지를 던져 준다. 리처드가 죽음의 공포를 잊기 위해 찾아간 자살 클럽에서 만난 게이 인권운동가 톰은 리처드를 죽음으로부터 구하면서 "죽는 바로 그 순간까지 살아라! 그리고 사랑해라! 안전하고 분별 있게 사랑을 하라"(66)라고 부탁한다. 그러고는 리처드의 애인이었던 알란을 옆에 두고 리처드에게 희망을 품으라고 격려한다. 자살 클럽인 "최후의 일격 클럽The Coup de Grâce Club: the Experience"은 손님이 원하는 대로 연출된 섹스의 짜릿한 기분을 느끼며 죽게 해 주는 곳으로 비정상적이고 문란한 성생활로 게이들이 에이즈에 감염되어 죽는다는, 즉 섹스는 곧 죽음이라는 당시의 에이즈 이야기를 상징적으로 보여 주고 있다. 그러나 이런 자살 클럽의 악몽으로부터 깨어나는 방법은 톰이 말하는 것처럼 희망을 잃지 않고 게이의 정체성을 위해 사랑받고 사랑하는 것이다.

섹스를 배제한 게이들의 삶의 방식은 자신들의 정체성을 부정하는 것이며, 자신들을 바라보는 사회의 부정적 시선을 충분히 인식하고 있더라도 자유스러운 섹스가 게이를 게이답게 해 주는 삶의 방식이다. 이것이 바로 게이 커뮤니티 구성원들의 딜레마로, 쿠슈너 같은 경우에도 자유스러운 섹스가 '천벌'이나 '심판'과 같은 도덕적 타락의 개념으로 고착되어 있어 마음이 편치 않지만 과거에 많은 사람을 만났던 시절을 생각해 보면 좋았었다고 말하고 있다(*Conversation* 52–53). 자유스러운 섹스는 충분히 즐겨야 할 필요가 있는 그들의 유산인 것이다. 따라서 상실한 섹스의 쾌락을 슬퍼하는 것이 에이즈극이 보여 주는 일반적인 정서이지만 이렇게 정체성과 현실을 긍정하기 위한 과거는 게이 커뮤니티 구성원들 사이에 갈등을 불러일으키기도 한다. 『정상적인 사람』에서 네드와 게이 커뮤니티 동료들과의 불화는 게이 인권을 위한 운동 방식에서뿐만 아니라 이런 과거에 대한 시선의 차이에서도 드러난다.

> 엠마: 게이들에게 섹스를 그만하라고 하세요.
>
> 네드: 뭐라고요?
>
> 엠마: 누군가가 말을 해야 하는데. 당신이 하면 안 되나요?
>
> 네드: 터무니없는 요청입니다.
>
> 엠마: 귀에 거슬리겠지만 몇 년 기다리면 그렇지 않을 겁니다.
>
> 네드: 당신이 지금 자유스러운 섹스를 그들의 주요한 정치 어젠다로 선택한 수많은 사람들에 대해서 이야기하고 있다는 사실, 알고 계세요? 포기하기 전에 죽을 각오가 돼 있는 사람들입니다. 어떻게 하시려고요?
>
> 엠마: 섹스 말고는 서로 관계를 유지할 수 있는 뭔가가 없다는 얘깁니까?
>
> 네드: 단순하지 않습니다. 다른 방식으로 서로 만나기가 쉽지 않은 친구들이 많습니다. 관계를 갖는 한 방법인데 중독이 되어 버리곤 합니다. 그러고는 계속해서 그렇게 해야 한다는 동료들의 압력에서 벗어나지 못합니다. 이것이 섹스를 통해서 감염되는 것이 맞습니까? (26-27)

에이즈에 대한 과학적 지식과 정보가 전혀 알려지지 않은 1981년 7월에 엠마는 병에 대한 정보가 확인될 때까지 게이들이 섹스를 절제할 것을 요구하고 있으나 섹스에 대한 문제 접근이 그리 간단한 것만은 아니다. 자유스러운 섹스가 게이들을 특징짓는 중요한 삶의 방식이라고 네드도 언급하고 있지만 브루스가 주장하는 것처럼 "모든 게이의 정치적 기반은 섹스"(47)이기도 하다. 즉 섹스는 어떤 경우에도 포기할 수 없는 중요한 정치적 사항으로 네드도 엠마의 요청이 불합리하다고 말하고 있다.

네드는 게이들이 에이즈에 감염되는 것이 자유스러운 섹스 때문이 아니라 운이 안 좋았기 때문이라고 말하면서도 에이즈로 인해 증가하고 있는 게이 희생자들을 줄이기 위해 엠마의 대변인이 되어서 "나는 이 어려운 시기가 끝날 때까지 무분별한 섹스를 그만두는 것이 죽기보다 더 싫다고 투덜대는 자식들이 역겨워"(47)라고 말하며 동료들을 비난한다. 이후 네드는 자유스러운 섹스가 자신들의 인권을 보장하는 것이 아니고 게이로서 자신들이 자부심을 갖기 위해서는 성 지향적인 문화를 포기해야 한다는 견해를 밝히지만 에이즈 단체의 회장인 브루스는 섹스를 더럽게 만들었다는 이유로 네드를 단체의 이사직으로부터 추방하게 된다. 게이 정치학의 유산은 섹스로 특징지어지고 자유스러운 섹스가 곧 게이 정치학인데 네드는 이런 사실을 전혀 이해하지 못하며 단체 동료들에게 "자유스러운 성관계를 합법화하기 위한 권리 대신에 너희들은 왜 결혼하기 위한 권리를 위해서 투쟁하지 않았니?"(78)라고 말하고 있다. 크레이머와 그의 작품에 대한 가치 평가에 무척 야박한 크림프는 네드

「정상적인 사람」의 작가 래리 크레이머
(Author: David Shankbone, 출처: 위키피디아)

의 이런 언행에 대해 게이 운동에 참여해 보지도 않고 게이 운동의 역사와 유기적 구조와 이론과 실제를 전혀 모르고 있는 사람의 견해(247)라고 반박하면서 크레이머의 무지를 비난한다. 크레이머가 결코 정치적이지도 못하면서 오히려 동료 게이들을 향해 화를 내고 있다는 것이다. 이런 비난에 더해서 크레이머의 모습이기도 한 네드가 보여 주는 성 정치학에도 모순이 생기며 네드는 위선자가 되고 만다. 네드는 동료들에게 섹스를 자제하고 커밍아웃할 것을 요구하지만 그는 아이러니하게도 자신의 성 정체성을 숨기고 있는 뉴욕타임스 리포터인 펠리스와 관계를 갖기 시작한다. 병실에서 에이즈로 죽어 가는 펠리스와의 결혼도 둘 사이의 로맨스로 생각될 수 있으나 과거에 자유스러운 섹스를 즐긴 게이는 죽어야 한다는 결말은 당시의 이데올로기를 그대로 반영하고 있다.[34]

4. 가부장제 질서를 해체하는 상징으로서의 에이즈

『미국의 천사들』에서 조는 아버지와 갈등이 있었다고 로이에게 말하고, 『식은땀』에서 리처드는 아버지는 죽으면서 자신을 저주하고 엄마는 자신을 받아들이지 않고 있다고 말한다. 『안드레의 엄마』에서 안드레는 자신의 엄마를 가장 무서워한다. 『있는 그대로』에서 리치가 솔의 아버지를 보고 싶다고 하자, 솔은 아버지가 품위는 있었으나 자신을 결코 좋아하지 않았다고 확인시킨다. 리치의 형은 리치가 게이라는 사실에 혼란을 겪으며 리치가 에이즈에 감염된 후 동생과 접촉하기를 두려워한다. 『정상적인 사람』에서 아내와 이혼한 펠리스는 엠마로부터 에이즈 감염 사실을 확인한 후 사이가 좋지 않았던 죽은 엄마를 보고 싶어 한다. 네드의 형이자 변호사인 벤은 게이들의 옷차림이나 생활 방식을 이해하지 못하며 네드가 요청한 에이즈 단체의 기금 모금과 투쟁에 대한 무료 봉사 요청을 거부한다.

이러한 맥락에서 동성애자들은 자신의 성 정체성을 자신의 가족들에게 밝히기를 가장 힘들어한다는 조사 결과가 있기도 한데 게이가 가족들에게 커밍아웃했을 때 가족 구성원들의 반응은 두 가지 경우가 있을 수 있다. 바로 성 정체성에 대한 차이를 인정해서 가족 구성원으로 받아들이거나 아니면 전통적인 이성애자의 가족 개념을 위반했다고 해서 정도의 차이는 있을지라도 거부하는 경우이다. 특히 골디 카두신Goldie Kadushin은 동성애에 대한 부모의 반응이 사회에서 보여 주는 반응보다 일반적으로 더 부정적(Simon 208)이라고 말한다. 브라이언 E. 로빈슨Bryan E. Robinson은 게이들을 위해 사회가 정해 놓은 가족의 역할이 없어서 부모들은 종종 자신들의 "상상 속의 이성애 아기"의 상실과 결혼과 손자에 관한 미래의 사라져 버린 기대감을 슬퍼하면서 게이인 아들을 이방인으로 바라본다(Simon 209)고 한다. 물론, 『안드레의 엄마』에서 칼의 부모처럼 게이 아들 칼과 애인 안드레를 긍정적으로 받아들이는 경우도 있다. 하지만 반대로 안드레의 경우처럼 부모의 기대감을 충족시키지 못했다는 죄책감과 이웃에서 바라볼 가족 구성원들에 대한 시선이 부담스러워 가족을 이탈해 전통적인 가족 개념 대신 새로운 가족 개념의 커뮤니티를 찾을 수도 있다. 『정상적인 사람』에서 펠리스 곁에는 네드가 있었고, 『있는 그대로』에서 리치 곁에는 솔이, 『사랑! 용기! 연민!』에서 제임스 곁에는 버즈가, 『코스모스 축구팀의 포스터』에서 자니 곁에는 톰이, 『미국의 천사들』에서 프라이어 곁에는 루이스를 대신한 벨리즈가, 『안드레의 엄마』에서 안드레 곁에는 칼이, 『식은땀』에서 리처드에게는 알란이 있었던 것처럼 말이다.

현 사회는 반동성애 이데올로기가 지배하고 있다. 기존의 인식 체계를 지탱해 온 이분법적 질서에서 보면 반동성애란 이성애주의를 지향하는 것이며, 사회는 그러한 이성애주의를 근간으로 한 가부장 중심의 전통적인 가족제도로 발전되어 왔다. 그 때문에 게이의 삶과 전통적인 가족의 구성원으로서의 가족생활은 양립될 수 없는 물과 기름과 같은 구조로 되어 있다. 데이비드 버그만David Bergman은 이성애자들이 만들어 놓은 신화 중심에는 '가족'이 있고 가족에 대한 존경에는 복제duplication를 통해 확인될 수 있는 믿음이 있다고 말한다(89). 즉 아들은 아버지의 행동을 복제해야만 하는데, 이는 아들이 아버지가 만들어 놓은 보기를 통해 자신의 가족을 창조해 내야 한다는 것이다. 이러한 이성애주의 문화 속에서 가족을 복제해 내지 못하면 그것은 가족제도에 대한 정면 공격이 되고 만다. 종교적인 죄인이라거나 도덕적으로 타락했다는 비난 못지않게 가족제도를 파괴하고 있다는 사회의 질타를 게이들은 감수해야 한다.

따라서 이성애 문화의 상징인 아버지는 게이들의 성 정체성을 말살시키려는 부담스러운 존재로 등장하게 되는 경우가 많다. 그러나 역으로 누군가의 아버지가 되거나 누군가의 아들이 되어서 자신의 게이 정체성을 위장하거나, 가족을 파괴하고 있다는 사회의 비난으로부터 심리적 부담감을 해소하려는 노력도 볼 수 있는데 『미국의 천사들』에서 조와 로이의 관계가 그렇다.

> 조: 아버지와 사이가 좋지 못했어요.
>
> 로이: 때때로 그럴 수도 있지. 그러면 다른 대리 아버지들을 찾아봐야겠는데. 아버지-아들 관계는 인생에 있어서 참 중요하거든. 여성들은 애를 낳기만 하지만 아들과 아버지와의 관계는 계속되거든. 아들은 자신의 아버지의 꿈을 이뤄 주는 사람으로서 아버지에게 자신의 인생을 바치지. 아버님은 살아 계시는가?
>
> 조: 음, 돌아가셨습니다.
>
> 로이: 그러니까… 아버님은 완고하신 분이었나?
>
> 조: 군인이셨어요. 공평하지 못하신 분 같았어요. 차갑기도 했고요.
>
> 로이: 그런데 아버님은 너를 사랑했군.
>
> 조: 모르겠어요. (*Millennium* 56)

레이건 시대에 막강한 권력을 행사하는 보수주의자로 타락한, 위선을 상징하는 로이는 에이즈에 감염된 사실을 확인해 주는 헨리를 협박하며 게이인 자신의 성 정체성을 부인한다. 오히려 자신의 권력 유지를 위해 전통적인 아버지와 아들 사이의 관계를 강조하며 전형적인 가부장제의 틀을 신봉한다. 모르몬교도인 조 역시 게이로서 자신의 성 정체성을 확신하지 못한 채 결혼해 부인인 하퍼와 갈등을 겪게 되고, 게이이기 때문에 군에서 불명예제대를 해야만 했던 한 군인의 사건에 대해 재판관의 서기로서 게이들의 법적 지위를 무시하는 견해를 작성해 루이스로부터 비난을 받게 된다. 조는 아버지가 자신을 사랑했는지에 대한 확신이 없다. 그는 아버지가 자신을 사랑하지 않았다고 생각했을 수도 있지만, 아버지가 자신을 사랑했다는 것을 알았음에도 그것을 인정하고 싶지 않았을 수도 있다. 이유야 어쨌든 조는 가부장제 구도 속에서 발산되는 아버지의 권위가 부담스러웠고 죽은 아버지를 대신해 심리적 보상을 느낄 수 있는 부담스럽지 않을 새로운 아버지가 필요했을 것이다. 월터 윈첼Walter Winchell, 에드거 후버Edgar Hoover, 조 매카시Joe McCarthy[35]를 자신을 이끌어 준 상징적인 아버지들이라고 말하는 로이 역시 자신은 게이가 아니기 때문에 자신의 가부장적 지위를 계속해 이어갈 아들이 필요했을 것이다. 즉 그들은 자신들을 위장할 상징적 아버지와 아들이 필요했던 것이다. 로이와 조의 아버지와 아들 되기 의식은 로이의 병세가 악화되고 있을 때 병원에서 거행되는데 로이는 조에게 성경의 이삭과 야곱 이야기를 하며 아버지로서의 마지막 축복기도를 해 준다.

로이: 아버님이 돌아가시기 전에 너에게 축복기도를 해 주셨나?

조: 축복기도요?

로이: 그래.

조: 아니요.

로이: 축복을 해 주셔야 했는데. 삶을 축복해 주셔야 했거든. 삶을.

(로이는 조에게 가까이 오라는 몸짓을 하고 조는 로이 앞에 무릎을 꿇는다. 로이는 자신의 손을 조의 이마에 올려놓는다. 조는 자신의 몸을 로이의 손에 의지한다. 둘은 눈을 감고 잠시 그 의식을 즐긴다.) (*Perestroika* 82)

서로 상대방의 성 정체성을 모르고 있는 상태에서 로이는 자신이 조의 아버지임을 자청하게 되고 로이와 조는 아버지-아들 되기 의식을 즐긴다. 따라서 조가 로이에게 하퍼를 떠났다고 말하며 자신의 성 정체성을 밝히자 로이는 조가 말한 내용을 부인하게 되고 "집에 가. 부인과 함께 있으란 말이야. 뭘 하든지, 그만둬" (*Perestroika* 87)라고 말하면서 조를 이성애주의 가정의 가장으로 만들어 버리려 한다. 마찬가지로 루이스로부터 로이가 게이라는 사실을 확인했을 때 조도 루이스를 가격하며 부정하고자 한다. 로이와 조가 서로의 성 정체성을 알고 있었더라면 상징적인 아버지-아들 되기 의식은 이루어지지 않았을 것이다. 그들이 원하는 것은 게이 아버지, 게이 아들이 아니다. 로이와 조는 자신들의 성 정체성을 계속 부인하며 가부장제 사회 구도를 따르는 위선자가 되고 싶었던 것이다.

게이의 삶과 가부장제 가족제도를 어쩔 수 없이 동시에 즐기고 싶었던 로이와 조는 결국 자신들의 정체성을 위장하며 아버지와 아들이 되는 의식을 가져야만 했다. 왜 로이와 조는 위선자가 되면서까지 아버지와 아들이 되어야 했을까? 크레이머의 답변은 미국이라는 나라가 가부장제 가족의 가치를 너무나 강조하고 있기 때문이라는 것이다.[36] 특히 클럼이 주장하는 것처럼 에이즈를 도덕적 타락의 결과로 인식하고 있는 사회가 선택한 치료법은 가부장제를 회복하는 것이다. 즉 성적으로 타락한 사회가 정화되기 위해선 가부장제와 이성애적 질서로 돌아가야 한다는 것이다(*Still* 41). 그리고 이를 위해, 정치권이나 종교계 쪽에서 미국 사회의 주류를 형성하고 있던 보수 세력이 기존의 가부장제 질서를 강요했다는 것인데 따라서 에이즈극이나 게이극에서는 이러한 기존의 가부장제 질서를 대신하거나 혹은 가부장제 질서와 공존할 수 있는 새로운 질서를 보여주기도 한다.

예를 들어, 『안드레의 엄마』에서의 아버지와 엄마는 자신들의 게이 아들인 칼과 사귀고 있는 안드레의 조언을 통해 칼을 이해하고, 칼과 안드레를 기존의 가족 질서 속으로 끌어들여 가부장제 질서와 공존할 수 있는 새로운 질서를 만들기도 한다. 사이먼이 지적하는 것처럼 새로운 가족 형태의 한 예로 『미국의 천사들』의 에필로그 장면을 이야기해 볼 수도 있다. 프라이어, 루이스, 벨리즈, 한나가 뉴욕 센트럴파크에 있는 베데스다 분수Bethesda Fountain에 앉아 있는 장면으로 이들 네 명은 유전학적으로 전혀 관계도 없고 인종과 성 정체성과 종교의 종파도 다들 같지는 않다. 하지만 미국 역사를 진보시킬 이들 네 명으로 이루어진 커뮤니티는 전통적 가족들의 역할을 수행하고 있다(213). 데이비드 사브란David Savran도 이 에필로그 장면을 염두에 두고 프라이어와 루이스, 루이스와 조, 조와 하퍼가 모두 헤어지게 되면서 사랑하던 두 사람의 관계 구도가 “확장된 새로운 가족”(215)으로 대체되었다고 해석하는데 사브란이 말하는 확장된 새로운 가족 개념은 『사랑! 용기! 연민!』에서도 볼 수 있다.

> 음, 난 나의. 음. 집을 사랑합니다. 모두들 사랑해요. 난 친구들로 집이 북적거리는 걸 좋아해요. 음. 그리고 밤에 집 주위를 산책하면서 그들을 바라보는 걸 좋아해요. 음. 밝은 창문을 통해서요. 집 안에 그들이 있는 걸 보면 행복해집니다. 음. 우리들의 가정입니다. (9)

그레고리는 자신의 집에 모이는 여덟 명의 게이들로 구성된 커뮤니티를 전통적 가족 개념에 대한 새로운 질서로 이야기한다. 한 가정의 따스함을 느끼게 해 주는 그레고리의 더듬거리는 독백은 여덟 명의 커뮤니티 구성원들이 서로에게 용기와 사랑을 주며 한 사회의 구성원으로서의 역할을 충분히 하고 있다는 내용을 전해 준다.

5. 정치와 연결된 미국적인 질병, 에이즈

데이비드 블랙David Black은 게이들의 인권 투쟁이 결실을 보려 할 때 에이즈가 게이들의 이러한 노력을 헛일로 만들어 놨다(135)라고 이야기하면서 에이즈에 의한 게이와 게이 커뮤니티의 치명적 피해를 단적으로 보여 준다. 쿠슈너도 박해와 탄압의 세기로부터 자유로워지고 정치적·문화적으로 독립하려는 시기에 게이 커뮤니티는 사회의 잔인한 무관심과 증오에 힘입은 생물학적인 공포에 의해 기습당했다(forward vii)라고 주장한다. 더글러스 A. 펠드먼Douglas A. Feldman은 미국의 게이 커뮤니티가 스스로 "게이는 좋다"라는 인식을 받아들이고 커뮤니티 전체의 자부심을 위해 개인의 창피한 감정을 부정하면서 문화 속에서 대안 문화an alternative culture within a culture를 형성하기 시작했을 때 에이즈가 나타났다(4)라고 지적한다. 노리스 G. 랭Norris G. Lang은 1981년 이전에 게이들은 새로 발견한 자유를 즐기고 있었고 사회도 결코 싫어하지 않았는데 이때 도덕적 다수the Moral Majority37와 레이거노믹스Reaganomics가 등장했다(178)라고 말한다.

스톤월 항쟁 이후 1970년대를 거치며 1981년까지 계속된 게이 인권운동은 동성애자들에 대한 새로운 시선을 만들어 냈다. 이러한 부정적이지만은 않은 사회의 시선을 통해 게이들은 자신들의 정체성에 자부심을 품게 되었으며 도시를 중심으로 발전하게 된 게이 커뮤니티는 정치적으로 심한 차별과 동성애 혐오의 사회 분위기에서 벗어나고 있었다. 그런데 이때 블랙, 쿠슈너, 펠드먼은 에이즈가 발생했다고 말하고 랭은 도덕적 다수와 로널드 W. 레이건Ronald W. Reagan이 등장했다고 한다. 말을 맞춰 보면 모두 같은 이야기를 하려는 것인데 결국은 도덕적 다수와 레이건 행정부(1981–1989)가 에이즈 위기를 만들었다는 것이다. 이는 도덕적 다수와 레이건이 에

로널드 레이건 대통령
(Author: Liberty University, 출처: 위키피디아)

제리 폴웰
(Author: Liberty University, 출처: 위키피디아)

이즈 바이러스를 만들었다는 이야기가 아니다. 도덕적 다수와 레이건, 에이즈가 시기적으로 우연히 맞물려 있었고, 도덕적 다수와 레이건이 게이와 게이 커뮤니티의 정신적·물질적 성장을 가로막기 위한 정치적 수단으로 에이즈를 이용했다는 것이다.

제프리 윅스Jeffrey Weeks에 따르면 1960년대 이후로 많은 기독교 교회들은 사회에 자신들의 도덕적 가치를 부여하는 것을 실질적으로 포기했다. 이에 따라 개인의 도덕 기준과 사회 질서 사이에 괴리가 만들어지기 시작했으며 동성애, 낙태, 이혼과 검열제도에 관한 법이 개정되기도 했다. 그러나 이러한 변화를 도덕적 보수주의자들이나 교회는 절대로 받아들이지 않았으며 도덕 절대론자들과 사회 정화를 표방하는 세력은 힘을 모으기 시작했다(13). 1980년대 제리 폴웰Jerry Falwell로 대표되는 도덕적 다수는 낙태 금지, 동성애 허용 반대, 전통적인 가족제도 강화, 남녀평등 헌법 수정안 반대, 전략 무기 제한 회담 반대 등을 외치며 미국에서 가장 큰 보수 단체 중 하나가 되었다. 그리고 1980년 대통령 선거에서 레이건은 도덕적 다수의 힘을 얻어 대통령에 당선되어 이들의 원칙과 궤를 같이하는 정책을 실행하게 되었다. 데니스 올트먼Dennis Altman은 언뜻 질병이 정치와 연결되는 것이 상식적인 일은 아니지만 에이즈가 게이들을 포함해 특정한 집단에서 발생했다는 점과 섹스와 깊게 연관되어 있다는 점, 그리고 상당히 미국적인 질병American disease이라는 이유를 들어 에이즈가 다른 전염병들과는 달리 정치화되었다고 주장하며 이 모든 것들이 1980년대의 레이건 정책Reaganism과 연관되어 있다고 결론 내린다. 즉 이것은 국제적으로는 막강한 군사력을 바탕으로 세계 질서를 이끌어 나가고 국내에서는 전통적 도덕 가치로 질서를 재편하는 것인데 평등권이나 힘없는 소수자에게 관심이 없는 레이건 행정부는 에이즈를 공중위생의 위기a crisis of public health보다는 게이들의 문제로 제한하며 "너희들에게 책임이 있으니 너희들이 알아서 하라"라는 정책으로 일관하여 에이즈 위기에 침묵을 지켰다 (9-29). 에이즈는 레이건이나 교회, 도덕적 보수주의자들이 외치던 가치를 실현하는 데 좋은 기회를 제공해 주었던 것이다.

최초 발병 보고 후 시간이 흐르면서 에이즈는 특별한 타입의 사람, 즉 생활 방식에 의한 결과가 아니라 바이러스에 의한 결과라는 인식이 확산하였다. 그러나 발병 초기 시절에 성관계나 특별한 성행위를 통해 전염된다는 보고가 나왔을 때 에이즈는 도덕적 보수주의자들이나 레이건 행정부에 의해 도덕적 타락의 상징이 되었다. 이에 따라 에이즈는 '게이들에 대한 천벌', '게이 역병', '게이 암', '신의 심판', '자연의 복수'로 불렸으며 이러한 사회의 적대적인 반응에 게이들은 긴장해야만 했다.

> 게이들은 뭔지 모르지만 분명히 빠르게 전염되고 있는 질병으로 쇠약해져 가고 있는 그들 자신과 친구들을 보면서 사회의 재앙 가운데에 자신들이 있다는 것을 발견했으며 그들의 공포는 레이건 정권의 적개심과 국가 의료기관의 무관심, 언론의 침묵으로 더욱 깊어졌다. (Denneny 38)

다분히 이데올로기적인 상황을 연출하며 게이와 관련된 질병으로 인식된 에이즈는 도덕적 타락이라는 개인적·사회적으로 민감한 부위를 건드리며 누구도 게이들에 대한 비난에 저항하지 못하게 했다. 에이즈에 대한 정보가 거의 없는 상황에서 언젠가는 죽어야만 한다는 공포가 게이들 사이에 번져 가고 있었는데 에이즈 자체가 주는 공포도 그렇지만 게이들을 더욱 공포에 휩싸이게 했던 것은 레이건 행정부와 언론, 의료기관의 무관심과 침묵이었다.

에이즈의 확산에 무관심으로 일관하는 뉴욕시와 백악관, 의료 단체, 언론은 물론 게이 커뮤니티를 향한 심한 불쾌감을 크레이머는 『정상적인 사람』에서 보여 주게 된다. 에이즈 위기가 확산하고 있을 때 기금 모금을 위해 '게이 건강 위기the Gay Men's Health Crisis'라는 단체를 만드는 데 참여하기도 했던 크레이머는 작품 속 네드를 통해 1981년부터 1984년까지의 자신의 이야기를 상당히 정치적으로 옮겨 놓고 있다. 엠마는 의사들은 매우 보수적이어서 정치적 냄

새가 나는 사안에 대해서는 관여하지 않으려 하는데 이번 에이즈는 상당히 역겨운 냄새가 난다고 말하며 1982년 10월 네드에게 뉴욕시에 있는 게이들의 절반이 에이즈에 감염됐다고 한다. 그러자 네드는 "정부는 역학조사를 시작하지도 않았다"(72)라며 게이들을 배제하고 주변화시키는 레이건 행정부에 불만을 드러낸다. 이러한 레이건의 무관심은 1983년 2월에 엠마와 조사관과의 대화에서도 나타난다.

> 엠마: 거의 이천 건의 사례가 있었는데 오백만 달러라니 말이 안 돼요. 정부는 일곱 명의 타이레놀 사건Tylenol scare38 희생자들을 조사하면서 이천만 달러를 지출했습니다. 이 병이 발병한 지 거의 삼 년이 지났습니다.
>
> 조사관: 불행하게도 대통령이 거부하도록 협박을 했습니다. 알다시피 동성애자들의 일에 대한 승인으로 해석될 수 있는 모든 사안에 어김없이 반대하도록 대통령이 공식적으로 의견을 발표했습니다. 따라서 진행이 안 되고 있어요. (102)

엠마에 따르면 이미 프랑스에서는 에이즈 원인균을 발견할 단계에 와 있고 에이즈가 게이들만의 질병이 아니라 일반 사람들에게도 노출된 상태인데 레이건 행정부가 보여 주는 에이즈 정책은 너무나 한가롭고 무능하다는 것이다. 발병 후 침묵으로 일관하던 레이건은 에이즈 발병이 보고되고 나서 6년이 지난 1987년 5월이 돼서야 에이즈에 대해 공식적으로 처음 언급했는데 이때는 이미

20,849명이 에이즈로 사망하고 36,058명의 에이즈 감염자가 발생한 시기였다(Shilts 596).

크레이머는 뉴욕 시장 에드 코흐Ed Koch와 뉴욕타임스에도 상당한 불만을 표현하고 있다. 극 내용 중 1982년 10월에 있는 뉴욕 시장 보좌관과 단체 회원들과의 대화를 보면 뉴욕시의 무관심을 확인할 수 있다.

네드: 우리는 지난 14개월 동안 시장과 면담을 하려고 했습니다. 그런데 당신을 만나는 데 1년이 걸렸고 당신은 1시간 45분 늦게 도착했습니다. 지금 이곳에 전염병이 돌고 있다고 시장에게 말했습니까?

허램: 말할 수 없습니다.

네드: 왜 못하죠?

허램: 사실이 아니니까요.

부르스: 사실입니다.

허램: 누가 사실이라고 말했나요?

토미: 정부가요.

허램: 어느 정부요? 우리나라 정부요?

네드: 아니요! 러시아 정부요!

허램: 언제죠?

믹키: 애틀랜타에 있는 국립질병통제센터가 발표하고 나서요.

토미: 17개월 전에요.

네드: 어떻게 모를 수 있죠?

허램: 글쎄요, 사람들이 들고 오는 모든 자질구레한 일들을 우리가 다 신경 쓰고 있다고는 기대하지 마세요. 그리고 흥분을 조금 가라앉혀 주실 순 없나요? (80)

아직 레이건이 에이즈에 대한 공식 발표를 하지 않은 상태여서 그런지 시장 보좌관은 에이즈의 존재를 알고 있으면서도 게이 단체 회원들 앞에서 인정하지 않고 있다. 1년을 기다려 만난 보좌관은 뉴욕시에 있는 많은 게이 중에 509건의 감염 보고는 그렇게 신경 쓸 숫자가 아니어서 비상사태를 선포할 필요가 없고 오히려 게이들이 과장하고 있다는 시장의 말을 전한다.

정치권과 맞물려 에이즈의 진원지인 뉴욕을 대표하는 신문인 뉴욕타임스의 침묵과 차별도 네드를 힘들게 하는데 네드는 타이레놀 사건과 에이즈를 다루는 뉴욕타임스의 태도에 불만을 보이고 있다.

타이레놀 사건을 알고 있습니까? 3개월 만에 일곱 명이 죽었습니다. 그리고 타임스는 쉰네 개의 기사를 올렸습니다. 시월 한 달에만 매일 한 건의 기사를 실었지요. 그들 중 네 개의 기사가 1면에 실렸어요. 우리의 경우를 보세요. 17개월 동안 고작 보이지도 않은 일곱 개의 짤막한 기사만 올렸어요. 우리는 천 건이나 되는 사례를 가지고 있는데요! (75)

타이레놀 사건 외에도 엠마가 말하는 것처럼 재향군인병

『볼티모어 왈츠』의 작가 폴라 보겔(2010)

Legionnaires' Disease이나 독소충격 증후군toxic-shock syndrome[39]은 발생하자마자 상당한 영향력을 가지고 있는 타임스의 1면에 실렸으며 사건에 대한 진상 조사가 이루어질 때까지 1면을 계속 차지했다. 그러나 두 사건에 비해 인명 피해 규모가 더 큰 에이즈는 하찮은 사건 대접을 받았다. 또한 주요 신문 중에 처음으로 1981년 7월에 당시의 에이즈를 “마흔한 명의 동성애자에게 나타난 희귀한 암Rare Cancer Seen in 41 Homosexuals”으로 보도한 뉴욕타임스는 네드가 불평하는 것처럼 ‘게이gay’라는 단어 대신 다소 경멸적인 ‘호모homosexual’라는 단어를 선호하면서 일반 대중의 관심으로부터 동성애자를 배제하고 게이들을 한 문화권 내의 하층민으로 만들어 놓고 있다.

보겔 역시 『볼티모어 왈츠』에서 레이건과 부시의 에이즈 정책에 불만을 드러낸다. 작품에서 치명적인 질병에 감염된 애나로 등장하는 보겔은 1988년에 에이즈로 죽은 남동생 칼과 상상 속의 유럽 여행을 떠나게 되는데 앨빈 클라인Alvin Klein이 지적하는 것처럼 보겔은 에이즈 위기를 은유를 통해 보여 주면서 상당히 공격적인 정치적 자세를 취하고 있다. 초등학교 교사인 애나는 자신이 근무하는 학교의 화장실에서 ‘후천성 화장실 질병ATD: Acquired Toilet Disease’

이라는 치명적인 병에 전염된다. ATD는 스물네 살부터 마흔 살 사이의 미혼인 교사와 학생들이 같이 사용하는 화장실 변기에서 감염되는 병으로 결혼을 해서 아이를 가지고 있는 교사들은 면역이 되어 있다. 애나는 ATD라는 질병의 이름을 처음 들었는데 의사의 이야기를 들어 보면 여기에는 세 가지 이유가 있다. 먼저 미국 국립질병통제센터가 지역 사회에 공포를 불러일으키지 않기 위해 발표를 하지 않았으며, 이런 질병에 대한 교육은 정부가 아니라 국가교육협회의 책임이며, 병에 대한 소문이 잘못 전달되면 사친회Parent-Teacher Association가 모든 학교 화장실을 검사해 달라고 요청한다는 것이다. 보건사회복지부에 의하면 ATD에 대한 치료법은 없고 교육과 예방만이 유일한 정책이다. 따라서 보건사회복지부는 해야 할 것과 하지 말아야 할 리스트를 나열하며 ATD 슬로건인 "(변기 위에) 쪼그리고 앉아라, (변기에) 절대 앉지 마라"를 강조한다. ATD의 감염 대상자가 스물네 살에서부터 마흔 살 사이의 미혼 교사라는 사실은 어떻게 보면 황당한 설정으로 이는 발병 초기 시기에 에이즈가 사회의 특수 계층인 게이와 관련된 질병으로 알려진 사회현상을 희화화하고 있다. ATD에 대한 국가기관의 반응은 책임을 회피하며 질병의 존재를 은폐하려는 노력으로 이는 『정상적인 사람』에서 네드가 겪고 있던 에이즈에 대한 정부의 정치적 모습이기도 하다. 그리고 네드가 뉴욕타임스의 침묵과 편견에 불만을 터뜨리고 엠마가 에이즈 연구에 배정된 국가 예산 지원금의 규모를 이해하지 못하는 것처럼 칼도 이 두 상황을 지적하고 있다.

> 만일 샌드라 D. 오코너가 감염된 변기에 앉는다면 언론은 ATD에 관한 기사들로 시끄러울 겁니다. 그리고 조지 부시 손자가 용변 교육 도중에 이 병에 감염된다면 우주 계발 계획은 취소될 겁니다. 왜 누군가가 뭔가를 하고 있지 않지요?! (14)

미혼 교사와 같은 특수 계층의 감염 대상자가 아닌 레이건 행정부 때부터 첫 여성 대법원 판사직을 시작한 오코너와 같이 권력을 소유한 인사나 부시의 손자들이 감염되었다면 언론과 정부의 반응은 지금과 같지 않을 것이라는 이야기다. 즉 에이즈가 의학적인 사실보다는 정치적 관점에서 취급되었기 때문에 발병 초기 언론들은 게이와 관련된 이야기로 인식된 에이즈 기사를 회피하고 있었고, 정부가 군비 예산을 위해 사회 복지 예산을 삭감한 상태에서 보건복지부가 에이즈 위기를 힘들게 견뎌 나가야만 했던 분위기를 말해 주고 있다(Altman 16, 26).

『미국의 천사들』도 레이건의 임기 기간이자 신보수주의neo-conservatism 사상이 득세했던 1980년대의 에이즈 이야기를 배경으로 인종, 젠더, 섹슈얼리티, 종교와 연관된 소수자들의 현실을 입체적으로 다루며 레이건 행정부와 공화당의 보수주의 정책을 비난하고 있다. 레이건 시절 보수주의의 부흥은 법무부에서 일하고 있는 마틴이 조에게 하는 말을 통해 알 수 있다. 대법원뿐만 아니라 상·하원을 공화당이 차지하고 공화당 소속의 대통령이 계속 백악관을 차지하면서 이들은 레이건의 정책을 모델로 미국적 가치를 확립한다. 그리고 소수 민족과 여성을 보호하기 위한 소수집단우대정책

Affirmative action이나 낙태, 국방 체계, 가족 가치 등을 자신들의 원칙에 따라 처리하면서 진보주의나 휴머니즘의 종말을 확신하고 있다(*Millennium* 63). 역사는 변화해야 하며 변화로 개혁된 사회는 역사의 교훈에 근거한 진보적인 사상과 휴머니즘의 원칙을 고수해야 한다는 쿠슈너의 주장을 설명하면서 제임스 피셔James Fisher는 『미국의 천사들』이 에이즈 위기를 대처하는 데 있어 너무나 소극적인 레이건 행정부에 대한 분노를 보여 주고 있다(48)라고 분석한다. 이어 그는 레이건이 집권하면서 미국 사회는 공동체와 마음을 나누는 데 대한 믿음을 상실했다(43)라고 단언한다.

루이스는 마틴과 같은 레이건 추종자들을 "이기적이고 탐욕적이며 사랑이 뭔지 모르는 눈먼 레이건의 자식들"(*Millennium* 74)이라고 부른다. 이런 속성을 가진 권력 구조 속에 실제 인물에 근거한 로이는 레이건의 자식 중 타락의 정점을 이루는 상징으로 설정된다. 실제 역사적 인물인 로이 콘Roy Marcus Cohn(1927–1986)은 1950년대인 매카시 시대 당시 청문회를 통해 유명해졌으며 특히 줄리어스와 에셀 로젠버그Julius and Ethel Rosenberg 부부의 스파이 혐의 재판에 결정적 역할을 했다. 그들을 사형시킨 것에 자부심을 느끼던 로이는 이 사건으로 역사적으로 큰 실수를 하고 있던 매카시의 신임을 얻게 된다. 쿠슈너도 언급하고 있지만 에셀의 재판이 진행되는 동안 로이는 재판관인 카우프만Judge Kaufmann과의 불법적인 협의(*Millennium* 5)로 로젠버그 부부에 대한 사형선고를 얻어 냈는데 작품에서는 억울하게 로이에게 희생당한 에셀의 유령이 계속 로이를 쫓아다니며 죄책감을 불러일으키고 로이는 계속되는 비윤리적인 행동으로 변호사 자격이 박탈된다.

벨리즈가 루이스에게 미국을 보여 주겠다며 같이 가자고 한 병실에는 "에이즈 말기 환자인 야비하고 제정신이 아닌"(*Perestroika* 96) 로이가 누워 있다. 루이스가 지적하는 "미국의 유일한 가치인 백인 이성애자 남자의 전통"(*Millennium* 90)을 따르는 로이는 동성애자는 정치적 약자이지만 자신은 대통령 부인과 직접 통화할 수 있는 권력이 있기에 게이가 아니고 남자와 관계를 갖는 이성애자라고 말한다. 그러고는 자신은 게이가 아니기 때문에 에이즈가 아니라 암으로 죽어 가고 있다고 강변하면서 자신의 담당 간호사이자 흑인 드래그 퀸drag queen이었던 벨리즈를 모욕한다. 도덕적으로 타락한 로이의 모습과 자신의 성 정체성을 부인하는 로이의 위선적인 모습을 벨리즈는 미국의 현실로 보고 있다.

데이비드 G. 아이조David Garrett Izzo는 파시스트의 위협을 알려 주는 극작가들을 설명하면서 시대적으로나 지리적으로 멀리 떨어져 있는 1930년대의 영국 극작가 W. H. 오든Wystan Hugh Auden과 크리스토퍼 이셔우드Christopher Isherwood를 쿠슈너와 비교하고 있다. 오든과 이셔우드가 독일과 영국에서 경험했던 파시스트의 모습을 미국에서 쿠슈너가 다시 확인하고 있다는

『미국의 천사들』의 작가 토니 쿠슈너
(Author: The Laura Flanders Show, 출처: 위키피디아)

이야기다. 아이조의 주장에 의하면 쿠슈너는 1980년대 초반부터 레이건이 추구한 국제관계 정책과 함께 에이즈 위기에 대처하는 그의 반응에서 미국의 타락을 확인한다. 이에 정치적인 극작가가 된 그는 『미국의 천사들』에서 게이와 에이즈 이야기를 뛰어넘어 미국의 이야기를 하게 된다.

벨리즈가 간파하고 있는 것처럼 비록 프라이어를 배반했다는 죄의식으로 벨리즈 앞에서 자신의 죄의식을 무마하고 벨리즈의 비난을 모면하기 위해 장광설을 늘어놓고 있지만, 루이스는 미국의 문제점을 지적하기도 한다. 루이스가 바라보는 미국은 원주민들을 죽이고 들어선 근거가 없는 나라다. 미국에서 민주주의는 성공했지만 진 커크패트릭Jean Kirkpatrick[40]과 부시는 자유와 인권의 의미를 전혀 이해하지 못하고 부르주아의 재산을 지켜 주는 것을 민주주의로 생각하고 있다(*Millennium* 89–90). 쿠슈너가 하고 싶은 말일 것이다. 그러나 벨리즈가 판단할 때 루이스도 사상만 있지, 프라이어를 버리고 조와의 관계를 즐기는 도덕적으로 타락한 실천이 없는 이상론자에 불과하다. 보수주의자인 로이나 진보 사상을 가지고 있는 루이스는 좌·우에 관계없이 레이건의 미국이 전혀 잘못된 방향으로 가고 있다는 사실을 보여 주는 상징적 실체들이다. 그러나 쿠슈너는 극의 마지막에서 미국의 앞날에 희망을 던져 주고 있다. 역사적으로 사회에서 억압받아 오던 유대인, 게이, 흑인, 모르몬교도인 프라이어, 루이스, 벨리즈, 한나가 뉴욕 센트럴파크에 있는 베데스다 분수에 앉아 베데스다 분수가 녹아 다시 흘러넘쳐 모든 이들의 마음을 정화하길 바라며 미하일 고르바초프Mikhail Gorbachev의 개혁정책perestroika을 이야기하고 역사가 발전하고 진화하기를 기대하고 있기 때문이다.

6. 에이즈와 홀로코스트

에이즈는 동성애자의 질병이 아니라 사람이기 때문에 감염될 수 있는 질병으로 이제는 전 세계적 관심사가 되었으며 의학계에서는 당뇨병처럼 평생 치료해야 할 만성질환으로 분류하고 있다고 한다. 그러나 미국인들의 마음에 에이즈는 게이들의 질병이었고 아직도 에이즈와 게이는 왠지 떼어 놓기 싫은 미묘한 관계로 자리 잡고 있다. 그럴 수밖에 없는 상황은 뿌리 깊이 박혀 이어져 온 동성애자들에 대한 억압과 차별의 역사성 때문이며 이런 이유로 동성애자들의 사회적·정치적 입지는 종종 유대인과 비교되곤 한다. 마르셀 프루스트Marcel Proust는 『잃어버린 시간을 찾아서*Remembrance of Things Past*』(1913–1927)에서 게이들을 저주와 박해를 받으며 부당한 혐오로 치욕을 경험하는 유대인에 비유(Adam 121)하고 있으며 샤츠키는 홀로코스트의 희생자들과 에이즈 희생자들 사이의 유사점을 지적하고 있다. 두

마르셀 프루스트

사건 모두 상황을 완화할 수 있었던 관계자들의 무관심이 희생자들의 정신적·육체적 피해를 더욱 깊게 만들었고 희생자들은 우리와는 다르다고 여겨지는, 그래서 오해받을 수 있었던 어떤 의미에 있어서 소수자였다는 것이다(137). 쿠슈너는 홀로코스트를 인간이 행할 수 있는 가장 악랄한 악의 전형으로 꼽으며 레이건을 나치에 비유하고 있다. 레이건이 에이즈 위기를 냉소적으로 처리하여 상황을 더 위험하게 만들었으며 미국으로 대표되는 서구 사회가 개발 국가에서 번지고 있었던 에이즈에 무관심으로 일관한 것은 바로 홀로코스트와 같은 대량 학살이라는 것이다(*Conversation* 54–55). 즉 바깥 세계는 소수자의 고통과 희생을 지켜보고만 있었던 것인데 바로 여기에 에이즈의 정치학이 있다. 누구나 감염될 수 있는 에이즈에 우연히 동성애자들이 걸리게 되자 정치권에서는 의도적으로 이 기회를 이용하여 에이즈를 자연 현상이 아닌 도덕적 의미를 지닌 사건으로 확대하여 동성애자들의 인권을 탄압하게 된 것이다. 에이즈는 게이들이 감염되어 죽어야 하는 질병이 아니라 정치권에 이용당한 사회가 게이를 향해 만들어 낸 공포였다.

여기서 에이즈 위기를 이해하는 데 희생자로 설정된 게이 커뮤니티와 게이들의 책임도 짚고 넘어가야 할 부분이 분명히 있다. 『정상적인 사람』에서 엠마는 에이즈가 게이 커뮤니티를 뒤흔들며 동료들의 목숨을 앗아 가는데도 게이들이 자제하지 못하고 계속해서 게이 전용 술집이나 목욕탕을 수시로 드나들고 있다고 네드를 꾸짖는다(70). 사실 1970년대와 80년대 초에는 게이들의 성 욕구를 만족시켜 주던 게이 전용 목욕탕과 섹스 클럽이 팽창했다(Altman 14).

따라서 게이들이 섹스 파트너의 수를 줄였다면 에이즈 바이러스가 좀 더 느리게 퍼졌을 것이라는 이야기도 있으며, 심지어 일부 게이 논평자들은 1970년대 말 게이들은 자신들의 성 습관이 비정상적인 속도로 성적 접촉에 의한 병을 확산시키고 있다는 점을 잘 알고 있었다고 지적하기도 한다(LeVay 243). 에이즈 위기를 직면하면서 게이 커뮤니티는 정치권과의 투쟁으로 내홍을 겪고 동시에 사회로부터는 도덕적 타락자인 게이는 당연히 죽어 없어져야 한다는 비난과 조롱을 경험했다. 그런데 한편으로는 이런 시련과 위기가 게이 커뮤니티에 새로운 과제를 안기며 한 단계 발전할 수 있었던 기회가 되기도 했는데, 바로 게이 커뮤니티 구성원들이 책임감을 알게 되었다는 것이다.

앤드루 설리번Andrew Sullivan에 따르면 에이즈 위기 전에 게이들은 책임감이 없는 자유를 누리고 있었다. 게이 해방운동도 전통적 규범으로부터의 해방으로 이해되었다. 여기에는 파우스트식 거래가 있었는데 이성애자들은 동성애자들에게 어느 정도의 자유를 주었고 보답으로 동성애자들은 자신들에 대한 존경을 포기하고 사회적 약자로 살아간다는 것이다. 그런데 에이즈 위기로 인해 게이들은 자신들의 행동에 책임감을 느끼게 되었다. 에이즈 위기를 계기로 이성애 사회는 동성애자들에게 하고 싶은 비난과 오해를 맘껏 해 봤을 것이며 게이들은 최악의 상황을 경험했을 것이다. 그 결과 그라운드 제로에 서 있던 게이 커뮤니티는 한 단계 성숙한 커뮤니티로의 진화 기회를 맞이하고 있었다.

“에이즈 히스테리”라는 말이 있다. 미국 역사상 히스테리라는 단어가 사용되어 국민을 공황 상태로 몰고 간 두 사건이 있다. 1950년대 공산주의자 색출로 많은 무고한 희생자들을 만들어 낸 "빨갱이 히스테리"와 2001년 9.11 테러 이후 아랍인들에 대한 공포를 보여 준 "테러 히스테리"가 그것이다. 두 사건 모두 정치적으로 이용되기 위해 과장된 부분이 있었다는 이야기들이 심심치 않게 나오곤 한다. 에이즈도 다르지 않다. 사회에서 지적하는 게이들의 성생활이 에이즈의 확산에 일조했을지는 모르나 정치권에 의해 과장되어 언젠가부터 사람들의 마음속에 있었던 게이들에 대한 혐오와 분노가 에이즈로 표출됐다는 것이 에이즈 위기를 바라보는 의식 있는 게이극 작가들의 시선이다.

인용 및 참고 자료

Adam, Barry D. "Structural Foundation of the Gay world." Ed. Steven Seidman. *Queer Theory/Sociology*. Cambridge, Mass.: Blackwell, 1996. 111-26.

Altman, Dennis. *AIDS in the Mind of America*. New York: Anchor, 1986.

Bergman, David. "Alternative Service: Families in Recent American Gay Fiction." *The Kenyon Review* 8.1(1986): 72-90.

Black, David. *The Plague Years: A Chronic of AIDS, The Epidemic of Our Times*. New York: Simon and Schuster, 1985.

Chesley, Robert. *Hard Plays/Stiff Parts: Night Sweet, Jerker, Dog Plays*. SanFrancisco: Alamo Square, 1990.

Clum, John M. *Still Acting Gay: Male Homosexuality in Modern Drama*. New York: St. Martin's Griffin, 2000.

____________. "A Culture That Isn't Just Sexual': Dramatizing Gay Male History." *Theatre Journal* 41.2(1989): 169-89.

Cohen, Peter F. "Strange Bedfellows: Writing Love and Politics in *Angels inAmerica* and *The Normal Heart*." *Journal of Medical Humanities* 19.2/3(1998): 197-219.

Crimp, Douglas. "AIDS: Cultural Analysis/Cultural Activism." Ed. Douglas Crimp. *AIDS: Cultural Analysis/Cultural Activism*. Massachusetts: MIT P, 1988. 3-16.

Denneny, Michael. "AIDS Writing and the Creation of a Gay Culture." *Confronting AIDS through Literature*. Ed. Judith Laurance Pastore. Urbana: U of Illinois P, 1993. 36–54.

Feldman, Douglas A. "Introduction: Culture and AIDS." *Culture and AIDS*. Ed. Douglas A. Feldman. New York: Praeger, 1990. 1–8.

Fierstein, Harvey. *Safe Sex*. M. Elizabeth Osborn 77–97.

Fisher, James. *Understanding Tony Kushner*. Columbia: U of South Carolina P, 2008.

Gilman, Sander L. *Disease and Representation: Images of Illness from Madnessto AIDS*. Ithaca: Cornell UP, 1988.

Hoffman, William M. *As Is*. M. Elizabeth Osborn 3–62.

Izzo, David Garrett. "Then and Now: W. H. Auden, Christopher Isherwood, Tony Kushner, and Fascist Creep." *Tony Kushner: New Essays on the Art and Politics of the Plays*. Ed. James Fisher. Jefferson: McFarland, 2006. 56–97.

Jones, Therese. Introduction. *Sharing the Delirium: Second Generation AIDS Plays and Performances*. By Therese Jones. Portsmouth: Heinemann, 1994. ix–xv.

Klein, Alvin. "THEATER; At Yale Rep, 'The Baltimore Waltz'" *New York Times* May 16, 1993⟨http://theater2.nytimes.com/mem/theater/treview.html⟩.

Kramer, Larry. *The Normal Heart and The Destiny of Me*. New York:

Grove, 2000.

____________. *Reports from the Holocaust: the Making of an AIDS Activist*. New York: St. Martin's, 1989.

Kushner, Tony. Forward. *The Normal Heart and The Destiny of Me*. By Larry Kramer. New York: Grove, 2000. vii-xxv.

____________. *Tony Kushner in Conversation*. Ed. Robert Vorlicky. Ann Arbor: U of Michigan P, 1998.

____________. *Angels in America: Perestroika*. New York: Theatre Communications Group, 1994.

____________. *Angels in America: Millennium Approaches*. New York: Theatre Communications Group, 1993.

Lang, Norris G. "Sex, Politics, and Guilt: A Study of Homophobia and the AIDS Phenomenon." *Culture and AIDS*. Ed. Douglas A. Feldman. New York: Praeger, 1990. 169-82.

Lawson, D. S. "Rage and Remembrance: The AIDS Plays." *AIDS: The LiteraryResponse*. Ed. Emmanuel S. Nelson. New York: Twayne Publishers, 1992. 140-54.

LeVay, Simon, and Elizabeth Nonas. *City of Friends: A Portrait of the Gay andLesbian Community in America*. Massachusetts: MIT P, 1995.

McNally, Terrence. *Love! Valour! Compassion! and A Perfect Ganesh*. New York: Penguin, 1995.

______________. *Andre's Mother*. Elizabeth M. Osborn 189-94.

Osborn, M. Elizabeth, ed. *The Way We Live Now: American Plays & the AIDS Crisis*. New York: Theatre Communications Group, 1990.

Savran, David. "Ambivalence, Utopia, and a Queer Sort of Materialism: How *Angels in America* Reconstructs the Nation." *Theatre Journal* 47(1995): 207-27.

Shatzky, Joel. "AIDS Enters the American Theatre: *As Is* and *The Normal Heart*."*AIDS: The Literary Response*. Ed. Emmanuel S. Nelson. New York: Twayne Publisher, 1992. 131-39.

Shilts, Randy. *And the Band Played On*. New York: St. Martin's Griffin, 1988.

Simon, Zoltan. "Homosexuality and the Family: Redefining Notions of Marriage, Parenthood and Family in Contemporary Gay and Lesbian Drama." *Journal of Evolutionary Psychology* 19.3/4(1998): 208-14.

Sontag, Susan. *Illness as Metaphor; and, AIDS and Its Metaphor*. New York: Picador USA, 1989.

Sullivan, Andrew. "When Plagues End" *New York Times Magazine* Nov 10, 1996〈http://find.galegroup.com〉.

Treichler, Paula A. *How to Have Theory in an Epidemic: Cultural Chronicles of AIDS*. Durham: Duke UP, 1999.

Vogel, Paula. *The Baltimore Waltz*. New York: Dramatists Play Service,

Inc, 1992.

Weeks, Jeffrey. "Love in a Cold Climate." *Social Aspects of Aids*. Ed. Peter Aggleton and Hilary Homans. London: 1988. 10-19.

Wilson, Lanford. *A Poster of the Cosmos*. M. Elizabeth Osborn 63-75.

○ 자세히 읽기

1장. 캠프 미학의 사회적 의미

1 마리아 칼라스Maria Callas(1923–1977): 미국 출생의 그리스 소프라노 가수. 더스티 스프링필드Dusty Springfield(1939–1999): 영국의 대중 가수. 베티 데이비스Bette Davis(1908–1989): 미국의 영화배우. 마를렌 디트리히Marlene Dietrich(1901–1992): 독일계 미국의 영화배우, 가수. 메이 웨스트Mae West(1893–1980): 미국의 배우, 가수, 극작가. 그레타 가르보Greta Garbo(1905–1990): 스웨덴 출생의 미국 배우. 셰어Cher(1946–): 미국의 가수, 배우. 마돈나Madonna(1958–): 미국의 가수, 배우. 신디 로퍼Cyndi Lauper(1953–): 미국의 가수, 배우. 카일리 미노그Kylie Minogue(1968–): 호주 출신의 영국 가수, 배우. 아리아나 그란데Ariana Grande(1993–): 미국의 가수, 배우.

2 스톤월 항쟁은 1969년 6월 28일에 뉴욕시의 그리니치 빌리지Greenwich Village에 있는 "스톤월 인Stonewall Inn"이라는 게이 전용 술집을 경찰이 평소 하던 대로 단속하자 게이 커뮤니티 구성원들이 이에 반응해서 저항한 사건이다. 스톤월 항쟁은 현대 미국 성 소수자 인권운동의 불쏘시개로 평가되는 중요한 사건이다. 공교롭게도 주디 갈런드가 6월 22일에 죽고 난 후 얼마 지나지 않아 사건이 발생해 갈런드의 죽음을 사건과 연관시키기도 한다.

2장. 버틀러의 푸코 반박하기

3 오귀스트 타르디외Auguste Ambroise Tardieu가 1872년에 자신의 책에 「알렉

시나 B의 이야기와 회고록*Histoire et souvenirs d'Alexina B*」이라는 제목으로 바르뱅의 회고록을 부분적으로 출판했다.

4 푸코의 서문은 영문 번역판에만 있다.

5 본 글에서는 'sex'는 '성'으로 'sexuality'는 '섹슈얼리티'로 번역해서 사용한다. 다만, 푸코의 『성의 역사』는 'sexuality'를 '성'으로 번역한 국내 번역본들의 제목을 따랐다.

6 "It was a world in which grins hung about without the cat." (*Barbin* xiii)

7 성의 일의어적 구성the univocal construct of sex 개념은 1) 섹슈얼리티의 사회적 규제와 통제의 도움으로 만들어지고 2) 다양한 상관이 없는 다른 성적 기능들을 숨기고는 인위적으로 그들을 통합하고 3) 특정한 성에 관련된 감각의 관습, 쾌락, 욕망을 생산해 내면서 이들을 사회에서 수용할 수 있게 만드는 내적 본질인 원인으로서 담론 내에 자리 잡는다. 즉, 육체적 쾌락은 인과 관계에 의해 표면상 특정한 성의 본질로 축소될 뿐만 아니라, 당연히 특정한 성의 표현 혹은 기호로 해석된다. (Butler 128)

8 정신과 의사로 1881년에 프랑스에서 살았던 파니차는 자신의 작품을 위해 알렉시나의 경우와 유사한 다른 자료들에 의존하기도 했지만 타르디외의 책에 근거해 주요 인물의 이름으로 알렉시나를 사용하여 몸 검사 장면을 제대로 묘사했다. (*Barbin* xv)

3장. 영화로 읽는 주디스 버틀러

9 주디스 버틀러의 "Short Speech on Gender".

10 애스트라 테일러Astra Taylor 감독의 다큐멘터리 영화로 코넬 웨스트Cornel West, 아비털 로넬Avital Ronell, 피터 싱어Peter Singer, 콰메 앤서니 애피아Kwame Anthony Appiah, 마사 누스바움Martha Nussbaum, 마이클 하트Michael

Hardt, 슬라보예 지젝Slavoj Žižek, 주디스 버틀러Judith Butler 등 영향력 있는 여덟 명의 현대 철학자들이 자신들의 생각을 이야기해 준다.

11 본 글에서는 용어의 구분이 필요한 경우 생물학적인 개념의 섹스biological sex를 분류할 때는 남성male/여성female, 젠더 정체성gender identity을 분류할 때는 남자man/여자woman, 젠더 표현gender expression을 분류할 때는 남성성masculine/여성성feminine의 용어를 사용한다. 큰 혼란이 없을 경우 문맥에 따라 일반적으로 사용하는 용어를 사용한다.

12 마돈나의 1990년 "블론드 앰비션 세계 순회공연Blond Ambition World Tour"을 기록한 다큐멘터리 영화.

13 플라톤Platon의 『향연*Symposium*』에 나오는 아리스토파네스Aristophanes의 이야기를 노래한다.

14 버틀러는 일부 특정한 성 소수자나 성 관습이 무차별적으로 용서되거나 옹호돼야 한다는 것을 의도하는 것이 아니라 이들에 대해 어떤 결론을 내리기 전에 반드시 생각해야 할 부분이 있다는 점을 지적하고자 한다. 『젠더 트러블』(viii) 참조.

15 버틀러도 "인구의 10%가 변형된 염색체를 가지고 있어 XX-여성, XY-남성의 범주에 정확하게 일치하지 않는다"(*GT* 146)라고 지적한다.

4장. 게이에서 퀴어로

16 동성애자로서 게이 남성gay man과 레즈비언lesbian은 각각 자신과 같은 성의 사람에게 성적 욕망을 보인다는 데 공통점이 있지만 둘 사이의 정치적 입장은 다르다. 따라서 본 글의 작품 분석에서는 '레즈비언/게이'를 비평 용어로 사용은 하지만 게이 남성극에 초점을 맞춘다.

17 클럼 교수와의 인터뷰 내용으로 전문은 다음과 같다.

Gay and queer are different political terms. Gay became common parlance among homosexuals in the US in the 1940s as a code word in repressive times. After Stonewall and during gay lib, it became a positive term for a homosexual. Queer began as a derogatory term for a homosexual, but in the 1980s, some radical gays reframed the word to mean groups and individuals who stood outside of and opposed to the prevailing sexual norms. One distinction: "gay" people are likely to believe in assimilation into society through institutions like marriage. "Queers" believe that one's difference should be celebrated and that society should allow more difference.

18 『인터내셔널 스터드*The International Stud*』(1978.2.2.), 『보육원 푸가*Fugue in a Nursery*』(1979.2.1.), 『미망인과 아이들 먼저!*Widows and Children First!*』(1979.10.25.)의 세 작품을 모아 3막으로 이루어진 『토치 송 삼부작*Torch Song Trilogy*』을 만들었다. 1981년 10월 16일에 첫 공연을 하고 1982년 6월 10일에 브로드웨이 첫 공연을 시작해 1,222회 공연을 했다.

5장. 동성애 혐오의 사회적 역할과 효과

19 스미스소니언 재단the Smithsonian이 운영하는 미국 워싱턴Washington, D.C.에 위치한 미술관.

20 확인된 동성애자를 일컫는 'homosexual'이라는 단어는 '프러시안 반동성애법a Prussian anti-sodomy law'에 반대하는 1869년에 익명으로 만들어진 독일 팸플릿에서 처음 사용되었다고 알려진다.

21 미셸 푸코는 "남색자는 일시적인 탈선이었고, 동성애자는 이제 하나의 종種이다"(The sodomite had been a temporary aberration; the homosexual was now a species)라고 말한다.

22 Annamarie Jagose 29, 31, 32, 58, 59.

23 영화 〈하룻밤의 사랑One Night of Love〉(1934)에 등장하는 여배우 그레이스 무어Grace Moore.

24 리처드 브린즐리 셰리든Richard Brinsley Sheridan의 『추문 패거리들*The School for Scandal*』(1777)에 등장하는 여성 등장인물.

25 2000년 스포츠 전문지 「스포츠 일러스트레이티드Sports Illustrated」와의 인터뷰에서 미국 메이저리그 소속 애틀란타 브레이브스Atlanta Braves의 구원투수 존 로커John Locker는 인종차별과 지역 차별, 동성애 혐오와 같은 사회문제에 불만을 터트리며 뉴욕에서는 경기를 할 수 없다고 발언해 사회에 커다란 반향을 일으켰고 스물여덟 게임 자격 정지를 받았다.

6장. 아직도 달리고 있는 리스본 트라비아타라는 이름의 전차

26 1950년대 말부터 윌리엄스가 게이라고 생각하는 사람들이 늘어나기 시작하면서 윌리엄스의 작품에 나오는 불분명하거나 암시적인 언어들을 윌리엄스의 성 정체성을 드러내는 방향으로 해석하는 비평들이 나오기 시작했다. 또한, 윌리엄스의 여주인공들이 게이로 해석되면서 많은 이성애 커플들이 위장을 하고 있는 동성애 관계로 묘사되기도 한다. 이처럼 동성애 정체성을 숨기기 위해 작품에 등장하는 인물의 성을 위장하는 것을 "Albertine strategy"라 한다(Savran 115). 몰리 해스켈Molly Haskell은 윌리엄스의 여성 인물들은 윌리엄스 자신이 세련되게 복장을 도착하여 동성애 환상에 빠진 결과라고 주장하고, 잭 바부치오Jack Babuscio는 윌리엄스의 감춰진 동성애 정체성은 여성으로 변장했을 때 편안해지는데 블랑시Blanche나 알마Alma, 카렌Karen 같은 여성 등장인물들을 통해 윌리엄스는 게이로서 자신의 "받아들일 수 없는" 감정을 표현한다고 말한다(Sinfield 186-87).

27 일반적으로 동성애자들의 스테레오타입화된 모습은 기존의 전형적인 남

성상과 비교할 때 희화화되는 부분이 있어 부정적인 이미지로 받아들여지는데, 기득권층이 이들을 주변화시키기 위한 정치적 목적이 보통 숨겨져 있다.

28 존 클럼John Clum은 세바스찬의 죽음으로 동성애가 그 장면에서 제거되는 것이 아니라 오히려 세바스찬이 입고 있던 옷과 같은 하얀 옷을 입은 너무나 잘생긴 남자(의사)의 시각적 도움으로 그의 죽음의 내러티브와 비전, 섹슈얼리티를 살아 있게 한다고 주장한다(The sacrificial 135). 클럼은 정신과 의사 쿠크로비츠Dr. Cukrowicz를 또 다른 동성애자로 보고 있다.

29 두 개의 결말 버전 내용은 샘 아벨Sam Abel을 참조했다.

30 윌리엄 셰익스피어의 『햄릿』 5막 2장에서 햄릿이 레어티즈와의 결투를 앞두고 있을 때, 호레이쇼가 느낌이 좋지 않다며 햄릿이 질 것 같다고 이야기하자 햄릿이 말한 대사다.

7장. 에이즈 정치학

31 "후천성 면역 결핍증"으로 불리는 에이즈AIDS: Acquired Immune Deficiency Syndrome는 미국 국립질병통제센터CDC: the Centers for Disease Control가 1982년에 채택한 병명으로 1970년대 말부터 보고되기 시작한 사례들을 근거로 1981년에 발병이 공식적으로 보고됐다. 1984년에는 에이즈의 원인균이 있다는 의견이 일반화되었으며 1986년에는 프랑스의 뤼크 몽타니에Luc Montagnier와 미국의 로버트 갈로Robert Gallo 사이의 날카로운 신경전 속에 HIV: Human Immunodeficiency Viruses가 에이즈 바이러스the AIDS virus의 공식 명칭으로 합의되었다. 유엔UN의 에이즈 대책 기구인 유엔에이즈UNAIDS와 세계보건기구WHO가 세계 147개국의 보고를 근거로 2008년에 발표한 통계를 살펴보면 2007년에 에이즈로 사망한 사망자 수는 200만 명이며 발병이 보고된 1981년 이후로 2,500만 명이 에이즈로 죽었다.

2007년에 에이즈 바이러스에 새로 감염된 감염자 수는 270만 명으로, 전체 에이즈 바이러스 감염자 수는 3,300만 명으로 추산되고 있으며 이 중 2,200만 명이 사하라 사막 이남의 아프리카에 거주하고 있고 그중 1,200만 명이 여성이다. (본 논문이 2009년에 발표됐기에 2008년 통계가 사용되었다.)

32 너새니얼 호손Nathaniel Hawthorne의 『주홍 글씨*The Scarlet Letter*』(1850)에 등장하는 여자 주인공.

33 "promiscuous"에는 '난잡한'이라는 의미가 있으나 단어가 지니는 가치는 부정적이지 않고 중립적으로 '자연스러운'의 의미로 이해하면 된다. 그래서 로슨도 "확실히 과거를 그리워하는 이런 기억은 뉴욕에 있는 게이들이 행복하고 다소 걱정이 없었던 때인 긍정적인 게이의 이미지를 전달해 주도록 되어 있다"(149)라고 말한다.

34 이런 비난을 기대하고 있었는지 섹스와 관련된 문제에 있어서 크레이머는 "나는 가능한 한 네드를 역겹게 만들려고 노력했다"라고 말하기도 하고 또 "네드는 내가 생각하고 있는 영웅은 아니다"(Cohen 217)라고 밝히기도 한다. 피터 F. 코헨Peter F. Cohen은 결국 크레이머가 게이들이 에이즈에 대한 반응으로 단순히 섹스를 절제할 수 있다는 기대감이 얼마나 비현실적인가를 보여 주기 위해 네드의 위선을 사용하고 있다(202)라고 결론을 내리고 있다. 즉 게이들이 그만큼 섹스를 자제하기 힘들다는 것을 역설적으로 보여 준다는 것이다.

35 윈첼(1897－1972)은 시사 해설자였고, 후버(1895－1972)는 FBI 국장이었으며, 매카시(1908－1957)는 미국 공화당 상원의원이었다.

36 "가족. 가족. 미국에서 가족이라는 단어는 선거 캠페인에서부터 TV 광고에 이르기까지 얼마나 많이 반복되고 있는지. 마치 다른 가치는 없는 것처럼, 마치 가족이 그냥 손으로 만들어져서 하나가 되고, 그리고 사랑하고 있는 것처럼, 마치 성행위를 정당화하거나 장려하기 위해 물건을 만들어 내듯

아이를 생산해 내는 것이 필요한 것처럼, 이 나라는 가족의 가치를 찬양하는 것에 대해 자부심을 느끼고 있다. 에이즈는 모든 가족 가치를 거스르고 있다. 에이즈는 대부분 게이에게 발생하는 것으로 알려져 있다"(*Reports* 271).

37 복음주의 기독교 성향을 가지고 있는 미국 내에 가장 큰 보수 로비 단체 중 하나였다. 1979년에 활동하기 시작해서 1989년에 해체됐다.

38 1982년 미국 시카고 지역에서 발생한 사건으로 타이레놀 제품을 이용한 후 일곱 명이 사망했다.

39 재향군인병은 1976년 미국 필라델피아에서 발병했고, 독소충격증후군은 1978년에 일곱 명의 아이들로부터 확인됐다.

40 진 커크패트릭Jean Kirkpatrick(1926–2006)은 철저한 반공주의자로 1980년대 대선 당시 레이건의 외교정책 참모를 지냈고 최초로 여성 유엔 미국 대사를 역임(1981–1985)했으며 레이건 내각의 많은 요직을 거쳤다.

Lesbian
Queer
coming out
GENDER
SEXUALITY